保健と食と栄養【第2版】

保育士
資格取得
特例教科目
テキスト
シリーズ

「保健と食と栄養」編集委員会 編

JN118915

みらい

■執筆者一覧 （五十音順）

乾　　陽子（いぬい　ようこ）　鈴鹿大学短期大学部　……………………………………第2章第5節、第4章第3節・第4節

岩田　章子（いわた　しょうこ）　元・日本福祉大学　………………………………………第2章第1節〜第4節

大西　　薫（おおにし　かおる）　岐阜聖徳学園大学短期大学部　………………………………第1章第3節(2)(3)

小野内初美（お　の　うちはつみ）　愛知文教女子短期大学　…………………………………第5章第3節

駒田　聡子（こまだ　あきこ）　皇學館大学　………………………………………………第1章第1節

島本　和恵（しまもと　かずえ）　お茶の水女子大学基幹研究院　……………………………第3章第3節

髙橋　淳子（たかはし　じゅんこ）　元・聖セシリア女子短期大学　………………………第4章第1節・第2節、第5章第2節

立脇　一美（たてわき　かずみ）　元・関西女子短期大学　………………………………………第6章第3節

寺嶋　昌代（てらじま　まさよ）　甲子園大学　………………………………………………第5章第1節

中島　正夫（なかしま　まさお）　椙山女学園大学　…………………………………………第6章第2節

中根　淳子（なか　ね　じゅんこ）　元・愛知医科大学　…………………………………………第6章第1節

西脇　泰子（にしわき　やすこ）　元・岐阜聖徳学園大学短期大学部　………………………第3章第4節

根来　民子（ねごろ　たみこ）　元・日本福祉大学　………………………………………第1章第4節

宮寺　里香（みやでら　りか）　白百合女子大学　……………………………………………第3章第1節・第2節

矢嶋　茂裕（や　じま　しげひろ）　矢嶋小児科小児循環器クリニック　………………………第1章第2節・第3節(1)

は　じ　め　に

　2012（平成24）年に成立した「就学前の子どもに関する教育、保育等の総合的な提供の推進に関する法律の一部を改正する法律」（改正認定こども園法）にしたがって「幼保連携型認定こども園」が創設されたことにより、幼稚園教諭免許状と保育士資格の両方を有する「保育教諭」が職員配置されることとなった。

　これに伴い、改正認定こども園法の施行後5年間は、経過措置として、幼稚園教諭免許状または保育士資格のいずれかを有していれば保育教諭として勤務できるという資格要件を緩和する特例が定められた。2019年3月、この特例制度が2024年度末まで延長されることが決まった。

　この制度のなかで、国は、経過措置期間中に、幼稚園教諭免許状を有する者に対して保育士資格の取得を促進するために、「保育士資格の取得に必要な単位数の特例」（特例教科目）として、以下の4教科目を設けている。

　　①福祉と養護（講義・2単位）
　　②子ども家庭支援論（講義・2単位）
　　③保健と食と栄養（講義・2単位）
　　④乳児保育（演習・2単位）

　このうち、①～③の3教科目は、特例制度のために特別に位置づけられた教科目であり、本来の保育士資格取得に必要ないくつかの科目を合わせた教授内容で構成されている。

　そして「保健と食と栄養」の特例教科目は、保育士資格取得に必要な「子どもの保健Ⅰ」「子どもの食と栄養」の2つの科目から、幼稚園教諭の勤務経験等を考慮したうえで、「子どもの疾病と保育」「安全管理」や「食育の基本と内容」など、幼稚園等の勤務経験では得られない内容が中心となっている。

　本書は、「保健と食と栄養」に対応したテキストとして、幅広い内容をコンパクトにまとめ、2単位という限られた学びの時間のなかで、通学、集中講義、通信教育などの履修形態を選ばず、効率的に学習できるよう編集した。

　本書での学びを保育教諭としての実践に活かしていただければ幸いである。

　　2020年1月

　　　　　　　　　　　　　　　　　　　　　　　　　　「保健と食と栄養」編集委員会

目　次

第3章　子どもの発育・発達と食生活

第 1 章

子どもの疾病と保育

1 子どもの生活環境

　一般に家庭とは「場」をさし、家族とは「人またはその集まり」をさす。ここでは、乳児ならびに幼児を取り巻く人文社会科学的環境および自然科学的環境についてみていく。人文社会科学的環境では養育者・保育者などの人的環境について、自然科学的環境では居室環境等について述べる。

(1) 人的環境（養育者・保育者）と養育環境

　養育者・保育者に求められる資質は、十分な愛情と養育技術・保育技術ならびに知識を有することである。子どもの成長・発達は環境との相互依存の結果である。子どもとかかわる大人は、最近の児童虐待問題などからも明らかなように、単に生物学的に大人であるだけでは不十分な場合があり、子どもとかかわる資質をもちあわせていない場合は、これを学び、身につけていくことが大切である。

母親と父親

　かつて 3 世代以上による同居が常であった時代は、祖父母や伯父伯母などの経験的知恵や技術、力が保育・育児に活用され伝承されて、滞りなく育児・保育を進めることができた。しかし、核家族が増え、これらの複合家族が減少した今日、養育・育児はもっぱら両親の双肩にかかっている。

　近年、結婚は晩婚化の傾向にあり、これに伴って出産も高齢出産の傾向にある。そして、育児に関しての知識、技術などの保育能力を身につけるために、市町村保健センターや病院などの産前教室などで、育児意識と親の自覚、責任感を醸成するとともに、知識・技術の伝達が行われている。また、母親の有職率や就労率が高く、育児休暇取得率も高まってきたが、母子のみでの子育てにはその人間関係の狭さから育児不安や産後うつなどの問題も出てきているため、きめ細やかな育児援助・育児相談などの制度充実が望まれる。

さらに、離婚などによるひとり親家庭の増加などの社会問題に対しても対応が望まれる。

兄弟姉妹、その他の家族

　近年、核家族化、特に夫婦とひとりっ子の世帯が増えている。家族は疑似社会であるといえるが、家族構成員が少ないと、幼児にとっては親との人間関係しか経験できず、家庭内で育成される社会性が単純になる。また、ひとりっ子で親による過保護・過干渉の傾向がある場合、社会生活に入ると人間関係の希薄さからストレスを感じたり軋轢（あつれき）を生じることがある。

親族以外の養育者

　保護者がいなかったり、児童虐待などにあっている子どもは、乳児院・児童養護施設などの児童福祉施設や専門的知識を有する保育者のもとで養育を受けることもある。専門的な保育者は養成校で教育される。

(2)　居室環境・居住環境

衣服・着衣・寝具と居室の温湿度管理による環境

　子どもは基礎代謝が大きく新陳代謝が活発で、熱産生が高く体温が高い。成長期の子どもは単位体重あたりの体表面積が大きいため、熱放散・皮膚呼吸が盛んである。一方、体温調節中枢は未熟であるため、発汗状況や機嫌の良し悪しなどにより、衣服や寝具、居室の温湿度管理を行い、体温を調整する必要がある。特に新生児期はその傾向が強く、しかも体の水分量が体重の80％（成人は約60％）と高く、脱水によるダメージが大きいので、細心の注意を要する。また、発汗量が多く、常時、水分補給に配慮しなければならない。

　衣服に使用する繊維素材は、吸湿性、保温性、通気性がよく、直接肌に接するので皮膚刺激の少ない綿製品がよい。形態は子どもの自由な活動を妨げないもので、着脱が容易なものがよい。着衣の枚数については、一般に子どもは大人より1枚少なくてよい。

冷暖房と換気

　体感温度は、気温・気湿・気流の3要素で決まる。衣服を着用することによって皮膚感覚を調節できる外気温は、およそ10℃から26℃程度までである。室内を適温にするため、状況により冷暖房を活用する。

　冷房を利用する際は、過度の冷却による冷房病の予防のために、外気温との差を5℃以内に設定する。扇風機を使用する際は、風が直接当たらないように気をつける。

暖房の設定温度は18～22℃程度である。室内の空気を乾燥させないように、場合によっては加湿する。暖房器具のエネルギー源によっては燃焼時に発生する有毒ガス（COなど）の除去のために、換気に気をつける必要がある。

　なお、厚生労働省「2018年改訂版 保育所における感染症対策ガイドライン」では、感染症の広がりを防ぎ安全で快適な保育環境を保つために、季節に合わせた適切な室温（夏季26～28℃・冬季20～23℃）、湿度（約60％）の保持と換気を行うよう示している。

採光・照明

　新生児は日周リズムを後天的に獲得するとされている。したがって、できるだけ早く昼夜を認識できるようにするために、昼間の採光・夜間の消灯を心がける。日光は明るさを与える、赤外線により暖かさを得る、紫外線はビタミンDを生成するなど、多くの効用がある。しかし、直射日光はまぶしすぎたり皮膚や目に悪影響があり、特にオゾン層の破壊により、皮膚や目への悪影響に拍車がかかっている。

　また、子どもの成長に伴い、昼光に近い十分な照度の人工照明を光源の位置や輝度を適切にして確保することが必要となる。目の保護の観点からは間接照明が望ましい。

室内空気と生活臭気、換気の必要性

　締め切った室内では、燃焼や呼吸によりCO_2や落下細菌、塵埃が増加する。さらに多人数が集合した場合は、体温や燃焼器具により室内温度が上昇したり、体臭、排泄物臭、調理臭などの入り交じった生活臭が高まり、息苦しさや不快さを感じる。特定建築物における室内空気の管理基準を参考のために

表1－1　室内空気条件の基準

指　標	建築物環境衛生管理基準
浮遊粉じんの量	0.15mg/m³以下（空気中）
一酸化炭素の含有率	10ppm*（厚生労働省令で定める特別の事情がある建築物にあっては厚生労働省令で定める数値）以下
二酸化炭素の含有率	1000ppm以下
温　度	1　17℃以上28℃以下 2　居室における温度を外気より低くする場合は、その差を著しくしないこと
相対湿度	40%以上70%以下
気　流	0.5m/s以下
ホルムアルデヒドの量	0.1mg/m³以下（空気中）

＊　100万分のいくつであるかを示す単位（parts per million）。
出典：厚生労働省「建築物における衛生的環境の確保に関する法律施行令」

示す（表1－1）。

　生活臭気の発生原因は、たばこ、生ごみ、排泄物、下水、調理臭、ペット臭、被洗濯物など多岐にわたる。特に最近は、気密性の高い住宅を志向する一方で生活に高い質を求める傾向にあることから、におい・臭気に対して敏感になり、消臭まで要求されるようになってきている。消臭方法は、化学反応により無臭物質に変化させたり、覆い隠して抑える方法がとられる。

　換気は、最も手っ取り早い方法として、対角線にある窓の開閉や換気扇などの機械的方法で行う。近年の気密性の高い住宅は自然換気能が低いので、窓の開放による換気を1時間に1、2回、3～4分、意識的に行うことが大切である。

音楽と騒音

　まったく音のない世界では、人は精神に異常をきたすといわれる。対して、激しく大きい音は騒音と位置づけられ、人の精神や心理に悪影響をもたらす。いらいらやストレス、頭痛、耳鳴り、さらには睡眠障害、聴力障害、交感神経緊張などに重症化していく。しかし、音楽療法などが実践されているように、音は、心身両面に効果的な影響を及ぼす媒体でもある。

室内清掃

　ヨーロッパのことわざで「清掃は神聖に次ぐ」といわれるように、清掃は貴重なことと考えられており、室内が不潔になると、落下細菌、カビ、衛生害虫などの温床となり、感染症発生の誘因となる。また、喘息やアトピー性皮膚炎などのアレルギー疾患は、丁寧な室内清掃によりほこりの除去を行うことが（ほこりの中にはダニのふんや死骸があり、それがアレルギー疾患を引き起こす場合が多い）、症状を起こさないことにつながる。

愛玩動物と健康

　愛玩動物（ペット）は精神的安らぎを得るために飼育される。愛玩動物は、容姿や色合いを観賞するため、鳴き声を楽しむため、競技用、防犯用、生活援助用（盲導犬など）など、その飼育目的は広い。子どもの情操教育を目的に飼育する家庭もある。しかし、愛玩動物を飼育することによって、人獣共通感染症の感染など人の健康が損なわれることがあるので、ペットの健康管理や予防注射など、けじめをもって飼育する必要がある。

情報環境

　近年、インターネットが普及し、子どもの養育環境でも確固たる地位を築いている。その要因には遊び場の減少、遊び仲間の減少、塾やけいこごとの増加など子どもの生活の質の変化があげられる。携帯電話の所持は低年齢化し、かつては自己完結型であったゲーム機器も近年はオンライン化され、方

法を問わず簡単に世界中の人々とつながることができるようになった。しかし、その気軽さの反面、有害サイトや有害情報、見えない相手の悪意に巻き込まれるなど、トラブルがあとを絶たない。

　そのほか運動不足、視機能への影響に加え、いわゆる「ネット依存」など、精神心理学的な影響も懸念される。

(3)　自然環境──物理化学的環境

　人類は長い進化の過程で、環境のなかから食物を得て生命を長らえてきた。さらに環境とのかかわりのなかで、文化的な生活を生み出し、豊かな人生を享受している。近年、環境とのかかわり方に歪（ゆが）みが生じ、かえって人の生活を脅かすような事象が多発してきている。今後、環境とうまくつきあうことが重要な課題となっている。

　空気・大気、水、日光（日照）、温度（気温）、湿度などのほかに地球規模的なレベルで考えれば、緯度経度による気候の違いからくる環境（熱帯、亜熱帯、温帯、寒帯、南極、極北）およびそれらの地域に生存する動植物、ならびにそれらのもたらす生物学的環境もある。

気　象

　気象は大気の理化学的諸現象で、広範な地域で長期的に一定の（規則性がある）影響を及ぼす。気象に及ぼす影響は、緯度、経度、高度、地形、気圧、海流などが関係しており、短期的な気候（天気）を形成する。

　気象現象による生体への影響は、気分の快・不快といった精神心理学的なものから血圧や内分泌の変化などの生理学的影響まで多岐にわたる。敏感な人（気管支喘息（ぜんそく）など）では前線通過を身体で感じることができるなど、発生や症状の憎悪が特定の気象条件とのかかわりで起こるものを気象病という。

大　気

　人は呼吸によって１日に約13kgもの空気を吸っている。燃料の燃焼により発生する不完全燃焼物質や工業用に燃焼させて発生する硫黄酸化物質、窒素酸化物質などが大気汚染を引き起こし、経気道、経皮、経口的に人体に入り、健康に影響を及ぼす。大気汚染物質は大気とともに移動・拡散・希釈し、最終的に地表近くの大気の汚染物質濃度を高める。特に本来低いはずの上層の温度が逆転して高くなることがあり、その気層（逆転層）からは拡散しにくいので、汚染が重篤になる。

飲料水

　人体の約60～70％が水で成り立っており、生理的に必要とされる飲料水は

１人あたり１日約２ℓである。そのほかに炊事、洗濯など生活全般で必要となる。１人あたりの１日の水道給水量は、日本水道協会の資料ではこの20年、300〜400ℓ前後とされている。水道は消化器系感染症予防のために浄水の最終工程で塩素消毒を行っているが、最近は飲料水の味にこだわるなど、各種の飲料水が販売されている。

　地球は70％が水で覆われているが、そのうち97％が海水である。また淡水３％のうち、約90％が南極・北極・ヒマラヤの氷であり、飲用・生活用に使用できる地表水・湖沼水・地下水は、地球上の水全体のたった0.3％である。家庭や工場から流れ出る水は、川・海・地下・大気をめぐりながら、少しずつ浄化されていく。例年、渇水による給水制限が行われており、水を節約して使用すること、水源となる淡水の汚濁を防ぐ努力が必要である。

電磁波・放射線

　電磁波とは空間を流れる波で、その種類は周波数の高低により、電離放射線（エックス線やガンマー線）、紫外線、可視光線、赤外線、電波（テレビ、携帯などのマイクロ波や電化製品の低周波交流電磁波）などに分かれる。人為的な電磁波については、高圧送電線の下方で生活する住民に吐き気や頭痛、不眠などを訴える人が多いことや、世界保健機関（WHO）の疫学調査結果によると小児白血病との関係が示唆されていることなどから、自然界のものを除き、家電製品や携帯電話など身近な電磁波発生源に不必要に曝露しない工夫が望まれる（たとえば、使用していない家電製品のコンセントを抜くなど）。

オゾン層と紫外線と日光浴

　オゾン層は、地上10〜50kmの成層圏にあり、太陽光線の有害な紫外線を吸収している。しかし、冷蔵庫やエアコンの冷媒、スプレーの噴射剤、クッション・ウレタンなどの発泡剤に広く使用されるフロンや、洗浄剤に使用されるトリクロロエタンなどの有機塩素系化学物質が、オゾン層を薄くしたり破壊したりすることで、太陽から放射される紫外線の一部が直接地上に達し、人の皮膚表面に当たっている。成長期に受けた紫外線は、成人以降の皮膚の老化や発がん、視力の低下等に影響する。特に乳幼児には、従来の日光浴を廃止し、紫外線の防止対策を心がけるべきである。わが国は1988年、オゾン層の保護のためのウィーン条約ならびにモントリオール議定書に調印し、オゾン層保護法（通称）を制定して、フロンガスの生産中止・回収に努めている。

(4) 食物学的環境

離乳においては、はじめは離乳食とよばれる形態から始まり固形食に移行する。食事の中身については第3章で学習するので、ここでは主に用いられる食品・食材の保健的側面について述べる。

食の流れは図1-1のように、生産者から個々の消費者まで多くの過程と人の介在によって成り立っている。各過程にいろいろな問題点が存在する。

農薬・抗生物質・遺伝子組み換え技術

農業、水産業、牧畜業など、食の生産の初期段階で多種多様な農薬や化学物質が使用されることがある。厚生労働省では、食品に残留する農薬、動物用医薬品（薬事法により規定されている動物に使用される医薬品）、飼料添加物（飼料の安全性確保、品質改善のために用いられる薬剤や栄養素）については、従来、食品衛生法で残留基準を規定していた。しかし近年、輸入食材における残留農薬問題なども含めて、規定が大幅に増加された。それでも規制が困難な農薬等については、安全確保のために、残留基準が定まっていない場合でも一定量（0.01ppm）以上の農薬等が含有されていれば販売を禁止するというポジティブリスト制度*¹を発足させている。

農産物では残留農薬、水産品・畜産品では抗生物質、合成抗菌剤、寄生虫駆除剤、ホルモン剤などが主な問題となっている。

また、農薬を使用しない方法として、遺伝子組み換え食品がある。2017（平成29）年4月現在、安全性が確認されて販売流通しているものは、じゃがいも、大豆、とうもろこし、なたねなど8作物である。

加工食品

食品の加工は、保存性、付加価値、物性の改善などの目的で実施され、その際、種々の食品添加物が使用される。保存料、甘味料、着色料、酸味料、発色剤、酸化防止剤、漂白剤など多目的で許可されている。その多くの場合

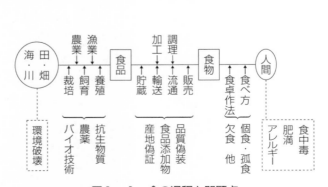

図1-1　食の過程と問題点

が化学的合成品であり、化学物質の多用につながる。また、塩分濃度が高く、塩分の過剰摂取につながることもあり、加工食品の多用は慎むべきである。食素材から調理する方法で食物を調整する習慣を身につけていきたい。

食中毒

　食中毒は、食べ物に付着した病原微生物（細菌、ウイルス、寄生虫）が増殖して病原となる量まで達したとき、化学物質、自然毒の混入や誤食により引き起こされる。食中毒の発生は、高温多湿の時期（8月・9月・10月）は細菌性が多いが、乾燥する時期（1月・2月・3月）はノロウイルスなどウイルス性の件数が多い。

　食中毒と診断した医師は食品衛生法に基づき、保健所に届け出なければならない。毎年のように死亡例も発生しているので、食品衛生管理を徹底することが必要である。

　病原微生物による食中毒予防の3原則は、細菌を、①つけない、②増殖させない、③殺すことである。近年のインフルエンザ流行に対する手洗い・うがいの励行は食中毒予防にとっても望ましい行動である。

2　子どもの健康状態の把握

　病的な状態を把握するためには、健康な子どもとはどのような状態であるかを理解する必要があるが、厳密に定義しようとするとなかなか難しいところがある。体温、呼吸、脈拍、発育、発達など、許容される正常範囲を知っておかないと病的かどうかの判断ができないが、ある子どもには正常であっても別の子どもにとっては異常ととらえるべき現象もあり得るので、日頃の観察や保護者の情報も重要である。

体温、呼吸、脈拍

　いわゆるバイタルサインといわれるこれらの所見は、日頃健康にしている子どもにおいても異常を察知するうえで重要である（表1−2）。特に体温は感染症の重要な徴候であるので、登園時に測定したり、保護者からの報告を受けるようにする。

　体温は個人差、日内変動、測定部位などでも若干違うので、測定条件をそろえて評価することが重要である。以前は水銀体温計のみであったが、近年は電子体温計による予測数値を用いることも多い。通常は腋下（わきの下）で測定する。耳式体温計は鼓膜温を測定するため短時間で済むが、耳垢が多い乳幼児には不向きである。赤外線による体温計は額に近づければ数秒で測

表1－2　体温、脈拍、呼吸

	体温（℃）	脈拍数（回/分）	呼吸数（回/分）
新生児	36.5〜37.0	120〜140	40〜50
乳児	36.5〜37.0	100〜130	30〜40
幼児	36.5〜36.8	90〜120	20〜30
学童	36.5	80〜90	18〜20
成人	36.5	70〜90	16〜18

定可能であるが、じっとできない乳幼児では安定した結果が得られにくく、また高価である。

　大人に比べ乳幼児の体温は高めで、平熱が37.0℃くらいはめずらしくない。予防接種をみあわせる基準も37.5℃以上となっている。高熱でぐったりしているときは病気が重く、高熱でも元気があれば軽症であると判断しておおよそ正しい。しかし、高熱でないから軽症であるとはいえず、虫垂炎などは高熱はほとんど出ず、中耳炎の重症度は発熱と一致しないこともある。解熱剤で熱を下げることはしばしば行われるが、小児では通常38.5℃以上が解熱剤使用の目安であり、高熱と考えるのは39℃以上が妥当と思われる。

　呼吸は、回数と呼吸の仕方、呼吸音などが判断の目安となる。年齢により正常の呼吸数は異なるが、新生児でも60回/分以上にはならず、成人では20回/分以下である。呼吸数が多くなった場合は喘息などの呼吸困難や肺炎などの感染症を考慮する。肩を上下させるような努力性呼吸*2や呼気時間が長くなる場合も受診が望ましい。「ゼーゼー」あるいは「ヒューヒュー」とした音が聞こえる場合は喘息発作であることが多い。

　脈拍は、速さと乱れに注意する。頻脈の場合は発熱の有無を確認する。脈が速いにもかかわらず熱がないときは、痛みが強い場合や全身の状態が不良な場合であり、緊急を要する疾患の可能性がある。時に脈の乱れに気づくこともあるが、全身の状態に問題がなければ緊急性は乏しい。

顔　色

　あいまいな所見だが、なんらかの異常が顔色にあらわれることも多い。腹痛が強いときや熱の上昇途中などで、顔色が蒼白になることや手足が冷たくなることがある。一時的な現象であることも多く、時間経過を追って改善しなければ、症状に応じた対処が必要になる。まれには慢性的な内臓疾患の症状になることもあるので、蒼白あるいは黄色い顔色が続くときは受診を勧める。

＊2　努力性呼吸
努力性呼吸とは、普通の呼吸では使用されない呼吸補助筋を使わなければならない呼吸をいう。

排尿と排便

　尿の異常として多いのは、回数と色の異常である。回数の増加、つまり頻尿は幼児でしばしば起きる現象であるが、発熱や腹痛がなければ様子をみる。膀胱炎（ぼうこうえん）との区別が必要である。

　尿の混濁や、おむつに朱色の沈着を認めることがあるが、これは尿酸塩の色で病的ではないことが多い。血尿と区別できないときは尿検査で確かめる必要がある。原因不明の発熱の場合には尿路感染症などを疑って検査する。

　排便は便の性状と回数に問題がないか確認する。毎日排便があることが望ましいが、個人差が大きいので普段の状況を把握しておくことが大切である。おむつがとれる年齢は一定ではない。時に積極的に介入することもあるが、それが引き金となって排便を嫌がるなどの問題があれば、無理強いはしない。

食　欲

　食欲の低下はなんらかの体調不良のあらわれであることがあり、重要なサインである。一時的であればよいが、続くときは原因を探す必要がある。発熱や下痢、嘔吐（おうと）などの消化器症状に伴い、食欲低下が続くときは脱水に注意する。原因が特定できない場合には、検査をしたり、体重の増減を参考に病的か判断する。離乳食が進まないなど、偏食は病気ではないものの子育て上の問題として対処が必要になることがある。

睡　眠

　新生児期は昼夜を問わない睡眠であるが、数か月すると夜に長く眠るリズムができてくる。昼寝は 3 ～ 4 歳頃からしなくなるが個人差もある。近年は夜型の生活で、家庭でも就寝時間が遅くなる傾向にあるが、できれば夜 9 時には就寝し、10 時間は睡眠をとらせる。人の脳は25時間周期で活動しており、光刺激で覚醒のスイッチが入るので、朝は部屋を明るくし、しっかりと目覚めさせることでリズムが確立される*3。

　夜泣きは古くから子どもの成長過程でみられてきた現象であるが、核家族化や居住環境が集合住宅である場合など、自然に解消されるまで待つことは母親への負担につながる。母親だけに負担がかからないよう周囲の理解と協力が大切である。

*3
睡眠について、詳しくは、第 6 章 1 (4)(p. 151)を参照。

17

主な疾病の特徴と予防・適切な対応

（1）　しばしば子どもにみられる症状と対処法

なんとなく元気がない、機嫌が悪い

　乳児は自分の体調を言葉であらわすことができないので、ぐずる、哺乳量（ほにゅう）が減るなどの症状で体調不良を表現する。幼児も的確に痛みなどを表現することができないため、親からの情報はしっかり受けとめる必要がある。

　発熱だけでぐったりすることは少なく、なんらかの問題が隠れている可能性を疑う。腹部や耳などの痛み、下痢や嘔吐による脱水症状、髄膜炎（ずいまくえん）*4などの神経系の疾患などがある。腹痛や嘔吐があるときや、半日以上排便がないときなどは浣腸して排便させることで劇的に改善することもある。

　なんとなくいつもと違う、という感覚は大切であり、その後の経過をよく観察し、悪化するようであれば保護者に連絡したり病院を受診させる。

発　熱

　子どもの症状のなかでは最も多く、同時に保護者が特に不安に感じるのも発熱である。発熱は本来、生体の防御反応であるが、冷静に受けとめる保護者は少なく、重い病気かそうでないかの判断も容易ではない。緊急処置を要する例はまれであり、状況を的確に見極めることが望ましいが、相談する人がいなかったり両親が共働きであるなどの理由で、時間外に医療機関を受診する傾向にあり、一層、救急外来の混雑に拍車をかけている。

　発熱の原因はほとんどが感染症であるが、原因を大別するとウイルス性と細菌性に分かれる。ウイルス性の多くは軽症であるが、熱の高さや持続期間は病気の種類によってさまざまである。最近はインフルエンザやアデノウイルス感染症など流行しやすい疾患の病原体迅速検査が普及し、検査が陽性であれば正確な診断ができる。しかし、発熱疾患のなかでこのような検査が不可能な場合は、抗生物質を使って経過をみることもある。

　細菌感染症は、溶連菌感染症（ようれんきん）や伝染性膿痂疹（いわゆる"とびひ"）、肺炎（のうかしん）や髄膜炎など幅広い。溶連菌感染症は咽頭炎（いんとうえん）を起こす代表的な細菌感染症であり、抗生物質で治療する必要がある。髄膜炎を代表とする重症細菌感染症は、後遺症や死亡につながる重症疾患であり早期診断が望ましいが、頻度が少なく診断は容易でない。

　感染症以外で発熱が持続する疾患の代表は、川崎病*5である。乳児から4歳以下の小児に多く、発熱以外に発疹、結膜充血、リンパ節腫脹（しゅちょう）などを

*4　髄膜炎
脳を包み込んで保護している髄膜に細菌やウイルスが感染して起こる炎症をいう。ウイルス性髄膜炎と細菌性髄膜炎の2つがある。

*5　川崎病
原因は不明だが、なんらかの病原体の感染により引き起こされる過剰な免疫反応による全身の血管の炎症と考えられている。川崎富作博士が最初に発見したことで川崎病と呼ばれている。

表1－3　月齢・年齢別の発熱と受診の目安

	受診の目安	病院での対応
1か月以内	ただちに	積極的に検査、入院を原則とする
3か月以内	数時間以内	検査し入院を考慮
3～6か月	半日以内	状況により入院も考慮
6～12か月	1日以内	経過により入院も考慮
1～3歳	2日以内	経過により検査
3歳以上	3日以内	経過により検査

注：あくまでも目安であり新生児、乳児であっても哺乳力が良好で
　　機嫌がよいときは受診を遅らせることもありうる。

呈する。心臓の冠動脈に後遺症を残すことがあり、入院治療が必要である。

　月齢を考慮して受診のタイミングをまとめると、表1－3のようになる。生後3か月以内は、37.5℃以上の発熱があれば重症感染症の可能性も考え、深夜であっても受診することはやむを得ない。特に泣き声が弱い、哺乳できない、嘔吐するなどの随伴症状があれば要注意である。

　生後3か月から6か月の発熱も重症感染症の可能性があるので、その日の受診を考慮する。ほかの症状がないか慎重に経過をみる。多くの場合、夜間であれば翌朝まで待って受診すればよい。さらに、生後半年を過ぎるとしばしば発熱するようになり、突発性発疹をはじめ、さまざまな感染症に罹患するようになる。元気があれば経過をみて、ぐったりしていたり嘔吐などがあれば受診を考慮する。1歳以降は、発熱当日に受診が必要となる疾患は少ない。ただし、嘔吐、けいれん、意識障害などを伴うときは早期受診を考慮する。

　なお、インフルエンザの流行期は、検査を希望する保護者も多い。発熱から6時間以上経過していないと偽陰性のことがあり、半日以上高熱が続くと検査の信頼性も高くなる。

熱性けいれん

　乳幼児は発熱時、全身のけいれんをきたすことがある。時にはけいれん後に発熱に気づくこともある。通常は5分以内に自然に止まるのであわてなくてよい。舌をかまないようにと口のなかに物を入れるのはかえって危険なので、してはいけない。熱性けいれんは、1回のみの割合が50%、2回までの割合が90%である。3回以上繰り返した場合でも、5分以内で止まる場合は、予防薬（商品名：ダイアップ®坐薬）の対象とはならない。15分以上続く、あるいは微熱でのけいれん、兄弟姉妹にけいれんの既往歴があるなど、複数の要因がある場合のみ、予防の坐薬を使用する。熱性けいれんからてんかんに移行するのはごく一部である。

インフルエンザの季節に初めての熱性けいれんを起こしたときは、インフルエンザ脳症との区別が必要になることもあり、受診を考慮する。5分以内に止まり意識障害がないならば、通常の熱性けいれんの可能性が高い。けいれんが5分以上続き自然に止まる気配がなければ受診する。その際、手足の動き、眼球の動き、左右差などを観察することが望ましいが、初めてけいれんを見たときに冷静に対処できる保護者は少ない。

咳と鼻汁

咳はごくありふれた症状であり、特別な対処を要しないことも多い。注意すべき場合としては、喘息、クループ症候群*6、百日咳などによる咳である。喘息は「ゼーゼー」という呼吸音で呼吸困難を伴うが、小児はウイルス感染に伴って喘鳴が出ることはめずらしくないので、初期には喘息と確定することは難しい。感染に伴って一時的に喘鳴が出る場合を喘息性気管支炎とよび、慢性的に喘鳴を反復する状態を喘息と考えればおおむね間違いないが、明確に区別できない場合も多い。

クループ症候群には、急性喉頭炎と急性喉頭蓋炎がある。喉頭炎は犬が吠えるような甲高い咳が特徴であり、呼吸困難を伴うこともある。喉頭蓋炎はインフルエンザ菌b型（Hib）感染などで喉頭蓋が腫脹する病気で、気道をふさいで窒息することがある。これもワクチンで予防が可能であり、Hibワクチンについては、2013（平成25）年度から定期接種に導入された。

百日咳は四種混合ワクチンで予防可能であるが、近年、成人の罹患が増えており、乳児期早期に家族からうつされることがある。生後3か月になったら早急に四種混合ワクチンを受ける。

鼻汁には、さらさらで透明な水様性鼻汁と、粘稠な膿性鼻汁がある。水様性鼻汁は外に流れ出て不快であるが、粘稠性が少ない分、鼻閉感は少ない。膿性鼻汁は黄色で粘稠性が強いため鼻閉感も強い。特に乳児は鼻呼吸のため鼻閉だけでもとても苦しいことがある。鼻汁もかぜ症状の1つであることが多いが、近年は花粉症などのアレルギー疾患が低年齢化しており、感染以外にアレルギーも考慮する。

乳児で鼻汁のほか、咳嗽、喘鳴を伴うときはRSウイルス感染症*7のことがある。生後3か月以内は特に重症化し入院することも多い。通常は冬に流行するが夏場でも時にみかける。インフルエンザや肺炎ほど知られていないが、重症度はRSウイルス感染のほうがはるかに重いと考えたほうがよい。

鼻汁がのどのほうに流れる後鼻漏がある。後鼻漏があると鼻閉感が強く、副鼻腔炎や中耳炎を合併している場合があるので、鼻閉が続くときは受診して後鼻漏や中耳炎の有無を確認したほうがよい。

*6 グループ症候群
かぜのウイルスが喉頭に感染して炎症を起こし腫れる病気をいう。

*7 RSウイルス感染症
RSウイルスの感染により発生する呼吸器感染症をいう。細気管支炎、肺炎など重症化しやすく、感染力も非常に強いため注意が必要である。

発　疹

　子どもはさまざまな発疹が出る。感染症、アレルギー、接触性皮膚炎（いわゆる“かぶれ”）などの可能性がある。発熱を伴うか、発熱した後の発疹か、まったく熱を伴わないかで大別される。

　発熱を伴う場合は感染症が多いが、経過によっては川崎病も考慮する。感染症のなかで最も重要な疾患は麻疹（はしか）である。症状は熱、咳嗽（がいそう）からはじまり、数日して全身に発疹が出る。感染力が強いため、ひとりが発病した段階で園の閉鎖などの対策を講じる必要がある。ワクチンで予防できるので、1歳以降で未接種の場合は接種を終えてから入園を許可する。

　そのほかの発疹症は、水痘（すいとう）、溶連菌感染症、風疹、手足口病、ヘルパンギーナ（急性のウイルス性咽頭炎）などで、発熱を伴うことが多い。

　解熱後の発疹としては、突発性発疹が代表的である。そのほか、夏かぜのウイルス感染に伴って発疹が出ることがある。いずれにしても発疹が出ている段階で解熱していればおおよそ心配ない。

　アレルギーによる発疹症としては、急性に出るじんましんとアナフィラキシー[*8]、接触性皮膚炎などがあり、慢性に経過する発疹はアトピー性皮膚炎などが代表的である。急性症状のなかでじんましんは、大小不同の膨隆疹（ぼうりゅうしん）が出てかゆみが強い。形や場所を変えて、程度も持続時間もさまざまである。症状のわりに重症感は乏しく、内服薬、時には注射などで対処する。アナフィラキシーは、2つ以上の臓器に同時にアレルギー症状が出るものであり、たとえば口唇の腫脹と呼吸困難など重篤な場合が多いので、医療機関に搬送するなどの対処が必要になる。緊急避難的な薬としてアドレナリン自己注射液「エピペン®」[*9]が販売されている。接触性皮膚炎は、“かぶれ”であり、発疹の部位にステロイド軟膏（なんこう）などを塗布する。毛虫の多い季節には風で飛ばされた毛が皮膚に刺さり、強い炎症を起こすことがある。

　アトピー性皮膚炎や湿疹は程度がさまざまで、すでに医療機関で治療を受けている場合が多い。除去食を希望する場合は、医療機関からの診断書に基づいて対処するように、全国的に統一された書式ができている。

下痢・便秘

　下痢は通常の便よりも水分を多く含んだ状態で、乳児期以降の水様性あるいは泥状の便を下痢と考え、しばしば排便回数も増える。

　下痢の原因は、ウイルス性と細菌性に分けて考える。薄着にして腹部が露出したり、冷たい飲料を飲み過ぎたりして“お腹が冷えた”といわれることがあるが、それだけで下痢になるというよりも、なんらかの感染を伴っていることが多い。ノロウイルスやロタウイルスはウイルス性で感染力が強く、

*8
アナフィラキシーについて、詳しくは、第5章3（p.134）を参照。

*9　エピペン®
エピペン®は、アナフィラキシーが現れたときに、医療機関で治療を受けるまでにその症状を緩和するために自己注射するアナフィラキシー補助治療薬である。投与のタイミングは、ショック症状に陥ってからではなく、その前段階で投与できると効果的である。

重症化することもある。細菌性にはサルモネラ、大腸菌、カンピロバクターなどがあり、加熱不十分な食品を摂取した場合に感染することが多い、いわゆる食中毒である。ただし、一部の疾患（赤痢、O157、ノロウイルスなど）は食品を摂取していない人にも感染するので、区別して対処する必要がある。

細菌性の下痢便は粘液や時に血液を伴うことがあり、便の培養検査で診断される。血便の場合はO157のように重症化することがあるので、便をもって早めに受診することが望ましい。集団生活では便の処理や手洗いなどに注意が必要である。

便秘は、排便回数の減少でしばしば便が固くなり排便困難となる。排便回数は個人差が大きく、特に乳児では5〜7日出ないこともめずらしくない。生後数か月以内に腹部膨満を伴う場合には、ヒルシュスプルング病[*10]を考えて精密検査を行うことがある。腹部膨満が強くなく、便秘が慢性的で、体重増加が悪い場合は母乳不足を疑う。体重増加も良好であれば、習慣性の便秘を考慮して浣腸や薬物治療をすることもある。果汁や果物、糖類の摂取などで緩和することもある。経過が長期的になれば受診して指導を受ける必要がある。

嘔　吐

嘔吐は胃に入った食物を口から出すことであるが、乳児が授乳後に少量の乳を出すのは溢乳で、病的には扱わない。嘔吐の原因は多様で手術が必要な病気もある。月齢、合併する症状、経過などで重症度を判断し対処を決める。

嘔吐の原因で外科的な処置、すなわち手術が必要な疾患は腸重積[*11]、虫垂炎などが代表的である。腸重積は腹痛が続き浣腸で血便を呈することが多いが、生後半年から2歳で痛がり方が強いならば、症状がそろわなくとも受診させたほうがよい。虫垂炎は5歳以降に多くなるが、低年齢ほど症状がわかりにくく、早期に進行して腹膜炎になることもあるので注意が必要である。

手術を要しない嘔吐の原因も多様である。下痢を伴うときは感染性の胃腸炎が多く、排便がない場合は便秘による嘔吐もあるので、浣腸して症状が改善しないかで判断できる。幼児期には尿にケトン体が排出されるアセトン血性嘔吐症（いわゆる自家中毒）が多い。少量の電解質液を頻回に与えて水分補給する。注意すべき点として、市販のスポーツ飲料では電解質濃度が低いことがあるので、日頃から治療用の経口飲料を常備しておくか、つくり方を知っておくことが望ましい。

鼻出血

子どもはしばしば鼻血を出し、また繰り返すことがある。通常は鼻孔の入

*10　ヒルシュスプルング病
先天性腸管無神経節症ともいう。生まれつき腸内でぜん動運動にかかわる神経節細胞が欠如している病気をいう。腸管で食べ物を通過させることができず、便として排出することが困難になる。

*11　腸重積
腸の一部が重なりあって腸閉塞を引き起こす病気をいう。0〜3歳までの乳幼児に多い。

り口に近い部位からの出血であり、多くは指で粘膜を傷つけて出血する。鼻根部をつまみ冷やすことで止血できるが、出続ける場合は受診する。血液を飲み込むと気持ち悪くなり嘔吐するので、できるだけ外に出させる。反復する場合でも鼻出血だけの場合は特別な治療をしない。鼻出血以外の皮下出血などを伴う場合や止血しない場合は、血液疾患による場合があるので受診が必要である。

（2）　感染症の予防

感染源対策

　感染源には、ウイルスや細菌などに感染した人や動物などの排泄物や嘔吐物のほか、痰、血液、傷口からの浸出液などがある。また、細菌やウイルスによって汚染された食品や器具も感染源となる。

　感染拡大を防ぐために、感染症にかかった人を早期発見し、他児へ伝染しないために必要に応じて集団から隔離を行うなどの対策が必要である。また、保育環境の衛生を保持することが重要であり、細菌やウイルスに合わせた適切な消毒・清掃を行う。

感染経路対策

　主な感染経路には、飛沫感染、空気感染、接触感染、経口感染などがある。感染症の種類によっては複数の感染経路をとるものがある。

① 　飛沫感染

　咳やくしゃみなどで飛散した水分に包まれたままの病原体を、近くにいる人が、そのまま吸い込むことで感染する。飛沫は1～2m前後で落下するので、2m以上離れていれば感染の可能性は低くなる。

　感染者がマスクをつけていれば、飛沫の飛散防止効果がある。

② 　空気感染

　咳やくしゃみなどで空気中に飛散した水分に包まれた病原体が、空気中で周囲の水分が蒸発し、中の小さな病原体だけが感染性を保ったまま（飛沫核）、室内に浮遊する。同じ空間にいる人がそれを吸い込むことで感染する。室内などの密閉された空間内で起こる感染経路であり、空調が共通の部屋などを含め、感染範囲は空間内の全域となる。

　発症者の隔離と室内の定期的な換気が重要となる。飛沫感染と同様に、感染者はマスクを着用し、飛沫の飛散防止に努める。

③ 　接触感染

　感染者や病原体が付着しているものに直接触れることで感染する直接接触

感染（握手、抱っこ、キスなど）と、汚染されたものを介して起こる間接接触感染（ドアノブ、手すり、遊具など）がある。健康な皮膚は、病原体を侵入させないバリア機能があり、皮膚に病原体が付着しただけでは感染は成立しない。病原体の付着した手で、口、鼻、眼など粘膜を触ることによって、病原体が体内に侵入して感染が成立する。

病原体が体内に侵入しないように、手に付いた病原体を除去すること（手洗い）が重要である。また、病原体に直接触れないように、使い捨てマスクや手袋を使用して汚物処理を行い、その後、消毒を行う。

④　経口感染

汚染された食物や手を介して口に入った物などから感染する。食中毒のほか、保育所などでは、汚染されたおもちゃなどを子どもが口に入れることで感染する。

食品の衛生管理の徹底のほか、子どもが手に触れる場所、口に入れる可能性のあるものを消毒する必要がある。

感受性対策

感受性対策として、ワクチンの接種が効果的である。感受性がある者に対して、あらかじめ予防接種によって免疫を与え、未然に感染症を防ぐことが重要である。また、感染症を防ぐためには、規則正しい食事や睡眠、適度な運動などで体の抵抗力を高めることが大切である。保育者は毎日の生活を通して、子どもの発達に応じて手洗い・うがいなどの清潔習慣や生活習慣が身につくように援助していく。

(3)　感染症の種類と対応

学校保健安全法は、学校において予防すべき感染症を規定し、症状の重さなどにより、第一種、第二種、第三種に分類している。児童・生徒がこれらの感染症にかかった場合、出席停止、臨時休業の対応を行い、感染症の拡大防止に努めなくてはならない（表1－4）。保育所は学校ではないが、学校保健安全法に準じて感染症対策が実施されている。

出席停止の日数の数え方は、その現象がみられた日を「0日」とし、その翌日を第1日とする。たとえば「解熱後3日を経過するまで」の場合、解熱を確認した日が月曜の場合、その日は日数に数えず、火（1日）、水（2日）、木（3日）、の3日間を休み、金曜日から登園可能となる。

また、インフルエンザにおいて「発症した後5日」の場合、「発症」とは「発熱」の症状が現れたことを指す。日数を数える場合、発症した日（発熱

表1−4　学校において予防すべき感染症の種類と出席停止期間の基準

	感染症の種類		出席停止期間の基準		
第一種	エボラ出血熱、クリミア・コンゴ出血熱、痘そう、南米出血熱、ペスト、マールブルグ病、ラッサ熱、急性灰白髄炎、ジフテリア、重症急性呼吸器症候群（病原体がベータコロナウイルス属SARSコロナウイルスであるものに限る）、中東呼吸症候群（病原体がベータコロナウイルス属MERSコロナウイルスであるものに限る）、特定鳥インフルエンザ、新型インフルエンザ等感染症、指定感染症および新感染症		治癒するまで		
第二種	インフルエンザ（特定鳥インフルエンザを除く）	小中高、大学	発症後5日経過し、かつ解熱後2日間		ただし、病状により学校医その他の医師において感染のおそれがないと認めたときにはこの限りではない
		幼稚園	発症後5日経過し、かつ解熱後3日間		
	百日咳		特有の咳が消える、または5日間の抗菌性物質製剤による治療終了まで		
	麻しん		解熱した後3日を経過するまで		
	流行性耳下腺炎		腫れが出た後5日経過し、かつ全身状態が良好になるまで		
	風しん		発しんが消失するまで		
	水痘		すべての発しんが痂皮化するまで		
	咽頭結膜熱		主要症状が消退した後2日を経過するまで		
	結核および髄膜炎菌性髄膜炎		病状により学校医その他の医師において感染の恐れがないと認めるまで		
第三種	コレラ、細菌性赤痢、腸管出血性大腸菌感染症、腸チフス、パラチフス、流行性角結膜炎、急性出血性結膜炎、その他の感染症		病状により学校医その他の医師において感染の恐れがないと認めるまで		

出典：「学校保健安全法施行規則」第18条・19条より筆者作成

が始まった日）を「0日」とし、翌日を第1日と数える。

4　子どもの心の健康とその課題

(1)　知的な遅れのない神経発達症群

　発達障害とは、体や精神が成長して、本来もっている完全な機能を発揮できない状態をいう。発達障害者支援法における発達障害の定義は、「自閉症、アスペルガー症候群その他の広汎性発達障害、学習障害、注意欠陥多動性障害その他これに類する脳機能の障害であってその症状が通常低年齢において

表1－5　神経発達症群の分類

```
1. 知的能力障害群（MR）
2. コミュニケーション症群／コミュニケーション障害群
   言語症（障害）、語音症（障害）、小児期発症流暢症（吃音）、
   社会的コミュニケーション症（障害）
3. 自閉スペクトラム症／自閉症スペクトラム障害（ASD）
4. 注意欠如（欠陥）・多動症／注意欠如（欠陥）・多動性障害（AD/HD）
5. 限局性学習症／限局性学習障害（SLD）
6. 運動症群／運動障害群
   発達性協調運動症（障害）、チック症群（障害群）など
7. 他の神経発達症群／他の神経発達障害群
```

出典：アメリカ精神医学会（日本語版用語監修：日本精神神経学会、高橋三郎・大野裕監訳）『DSM-5
精神疾患の診断・統計マニュアル』医学書院　2014年より著者作成

*12　DSM
アメリカ精神医学会が、刊行している「精神疾患の診断・統計マニュアル」をいう。精神疾患の分類や診断基準を提示するもので、世界で広く用いられている。たびたび改訂が行われ、1994年にDSM-Ⅳ、2013年にDSM-5が公表されている。

発現するもの」とされている。2013（平成25）年に改訂されたDSM*¹²-5では、発達障害に相当するカテゴリーとして「神経発達症群」が新設され、新しい診断名や診断基準が採用された。たとえば、注意欠陥多動性障害は注意欠如・多動症（AD/HD）、広汎性発達障害は自閉スペクトラム症（ASD）、学習障害は限局性学習症（SLD）へと変更されている。表1－5に神経発達症群の分類と診断名を示す。

　注意欠如・多動症（AD/HD）は行動発達、限局性学習症（SLD）は認知発達、自閉スペクトラム症（ASD）はコミュニケーション発達の歪みであり、それぞれ適応能力に問題が生じているという視点が重要である。3歳児健診でこのような問題点が指摘されないのは、問題が軽微というだけでなく、年齢的に問題点がみえていないことが多い。保育所や幼稚園または小学校で集団生活をするようになると、発達障害に起因するさまざまな問題点が指摘されるようになる。保護者や保育者に発達障害による問題であるという認識が欠落していると、二次的な適応障害（心身症、学校不適応、社会不適応）へ進展することもあり、就学前健診（5歳児健診）で「知的な遅れのない神経発達症群」の早期診断を行うとともに、小学校での特別支援教育につなげるために保育所や幼稚園からの情報提供が求められている。

注意欠如・多動症（Attention Deficit/Hyperactivity Disorder：AD/HD）

*13
AD/HDは、DSM-Ⅳでは「行動障害」に分類されていたが、DSM-5では「神経発達症群」に分類された。

　注意欠如・多動症（以下、「AD/HD」という）は、子どもの行動上の問題点から規定された障害である*¹³。多くの子どもは1歳頃から歩行できるようになると、活発に動き、さまざまな経験のなかから自分をコントロールすることを学び、場面にあった行動ができるようになる。なかにはコントロールがきかず、動きが多く、注意が散漫で、突発的な行動を示す子どもがいる。このなかにAD/HDの子どもが含まれる。

表1－6　AD/HDの行動特徴

乳 児 期	むずかりやすい、睡眠の乱れ、なだめにくい
幼 児 期	じっとしていない、集団遊びができない、かんしゃくが強い、聞き分けがない
学 童 期	落ち着きがない、忘れ物が多い、学用品をなくす、時間を守れない

　AD/HDを起こす医学的要因としては、遺伝、環境物質、早産児出生、感染症、微細な脳損傷などが考えられる。一方、児童虐待、家庭内の不安定さ、愛情剥奪、てんかんなどにより、二次的に多動性、衝動性などの症状がみられることもある。

　AD/HDの症状としては、不注意、多動性、衝動性があげられる。①不注意優性型、②多動性/衝動性優性型、③混合型の3タイプがあるが、混合型が最も多く、6割以上を占める。次いで不注意優性型が多く、多動性/衝動性優性型は少数とされる。

　またAD/HDの行動特徴は、年齢によって変化する（表1－6）。乳児期には、AD/HDの特徴的な症状はみられないが、「むずかりやすい、なだめにくい、睡眠の乱れ」など非特異的な症状がみられることがある。

　幼児期になると、「じっとしていない、かんしゃくが強い、聞き分けがない、集団遊びができない」などの典型的な症状が発現してくる。多動傾向は狭い空間より広い空間で著明で、3～5歳頃ピークとなる。注意力の障害や衝動的な行動も表面化してくる。こうした問題行動は、対応する相手により異なる場合もある。粗大運動に問題はないが、手先の不器用など平衡感覚や協調運動の未熟さを示すこともある。

　学童期になると、多動性は年齢とともに「落ち着きがない」などに移行していき、10歳頃には目立たなくなる。「忘れ物が多い、学用品をなくす、時間を守れない」などの注意力の障害は多動性の減少とともにはっきりしてくる。衝動的な行動のため集団への適応がうまくいかない。学習のつまずきが起こりやすく、自己評価の低下や自尊心の低下を招きやすい。増悪要因としては家庭の不良な養育環境があげられている。不安障害、うつ状態、チック、夜尿の合併にも注意が必要である。

限局性学習症（Selective Learning Disorders：SLD）

　限局性学習症（以下、「SLD」という）は、①知的発達は正常でありながら、②努力しても読むこと、書くこと、計算することなどのある特定の能力をつけることが困難、または不可能であり、③中枢神経系に原因があると推定される場合をいう。発達障害のなかでは特異的発達障害として位置づけられる。全般的な精神発達の遅れがなく、視力・聴力の異常や環境、心理面の問題に

よらないことが前提である。

　SLDの原因は不明だが、なんらかの原因によって脳の特定の部位の働きが、生まれつき障害された状態と考えられる。遺伝的要因がある場合もある。

　SLDのタイプとしては、①読字障害、②書字障害、③算数計算障害、④これら①〜③の混合性障害がある。中心的な症状は読字困難で、多くの場合、書くことも障害されるので、「読み書き障害」となる。数の理解や数の操作が難しい算数障害は比較的少ない。AD/HDを合併することもあり、この場合には行動面ばかりが注目され、SLDについて気づかれないことも多い。AD/HDイコールSLDではないことに注意が必要である。

　SLDの対応法を次にまとめる。

---

①SLDの診断を確実にする。SLDは脳の先天的発達障害であり、成長に伴って完治することはない。
②どのレベルでの読み書き障害なのかをはっきりさせ、本人の得意な面からアプローチするなど学習法を工夫することによって読み書きの力を伸ばせる可能性がある。
③症状によってはワードプロセッサーや計算器の練習を取り入れるとよい。
④筆記試験にはまったく対応できない場合でも試験問題を読み聞かせると解答が可能な場合も多い。
⑤勉強以外に好きなことや得意なことを見出し、その能力を育てる。努力しても成功できない体験を積み重ねることで自信を失ったり、いじめられたり、逆に攻撃的になるなどの二次的障害を引き起こさないよう、保護者、教育者、また本人が状態像をよく理解し、自分が大切だと思える子どもに育つような支援を行う。

自閉スペクトラム症（Autism Spectrum Disorder：ASD）

　DSM-IVでは、自閉症と同質の社会性の障害を中心とする発達障害の総称を広汎性発達障害とよんでいたが、DSM-5ではこれが自閉スペクトラム症（以下、「ASD」という）とよばれるようになった。これにより、自閉症、アスペルガー症候群、小児崩壊性障害、その他の広汎性発達障害（非定型自閉症）などがASDに統合されることになった。

　発達障害は加齢によって、また療育によって大きく変化する。3歳時には自閉症の診断基準を満たしていたが、その後、言葉の発達が認められ、6歳時にはアスペルガー症候群に該当し、さらに追跡すると横断的には非定型自閉症になっていることもある。そのため、DSM-5ではこれらを自閉スペクトラム症（ASD）という診断に含有する。

　DSM-5ではASDの主な症状は、①社会的コミュニケーションおよび相互関係における持続性障害、②限定した興味と反復的な行動・活動の2項目を満たすものとされている。

　知的障害を伴わないASDは、AD/HDやSLDなどの他の発達障害と間違われやすい。一般的なAD/HDの場合には衝動的なトラブルは多いが対人関係は良好で友だちをつくることもできる。一方、多動を伴った従来のアスペルガー症候群では対人的に孤立しており、知覚や触覚の過敏性を示し、ささいな働きかけや言葉がけに激昂して暴れるなどのトラブルが生じやすい。AD/HDでも不注意以上に指示が通りにくく、1人が好きで、テストの成績が良好な場合にはASDを考慮する必要がある*14。

　また、知的障害を伴わないASDでも学習の問題を抱えていることが多い。機械的計算、漢字の書き取りは得意だが、文章の読解が苦手である。「感じたことを書く」感想文のようなあいまいな課題には取り組めないが、具体的な設問として提示しなおすと取り組めるようになる。SLDの読字障害と比較すると、SLDでは字の読み取りが苦手であるのに対し、知的障害を伴わないASDではスラスラ読めるが、文章の意味がわからない場合が多い。

*14
DSM-5 で は、ASD とAD/HDの併存診断が可能になっている。

(2)　習癖障害

　習癖障害（習癖異常）とは病的な癖をさす。体を繰り返しさわったり、痛めつけたりする癖として、指しゃぶり、爪かみ、抜毛癖、自傷性皮膚炎（皮膚いじりによる皮膚炎）、ヘッドバンギング（頭打ち）、自慰などがある。そのほか、チック*15、排泄障害、食行動異常などを加えて、広義の習癖障害と考える場合もある。指しゃぶりは正常な乳幼児期にもみられるが、爪かみや抜毛癖は正常の発達段階にはみられないことが多く、頭打ちは正常ではみられない。このように習癖障害には、自然に消えるものから病的で治りにくいものまで、さまざまな段階がある。背景に心理的葛藤や養育環境の問題が認められることもあるが、種々の発達障害に合併していて心理的な意味がわかりにくい場合も多い。

*15　チック
突発的に同じ動作や発声を繰り返す状態をいう。運動性チックと音声チックがある。

指しゃぶり・爪かみ

　寝る前に親指やほかの指をしゃぶったり、時にはこぶしをくわえたりすることは、多くの乳幼児で観察される。歯並びが悪くなるとか不潔であるという理由で早い時期に治すべきであると考えられた時期もあったが、現在では正常な発達過程でみられる癖であり、幼児期ならそのままにしておいてよいと考えられている。指しゃぶり以外にも毛布のはじをなめる・かじる、お気に入りのタオルをいつも持ち歩く、ぬいぐるみをそばに置くことなどは、母親からの分離と関連した、むしろポジティブな移行現象と考えられている。学童期になっても授業中などに指しゃぶりがみられる場合には、情緒的な問

題があることが推測される。

　爪かみも指しゃぶりに連続した現象と考えられるが、子どもの内面に、いらいら感や怒り、緊張感が内在している場合もある。成人にも時にみられる癖であり、爪かみは治すべき症状というよりは、注意信号としてとらえたほうがよい。家庭環境や集団適応に問題はないか、持続的なストレス状況がないか、注意してみる。

抜毛癖
　抜毛癖とは自分の体毛を引き抜くことが癖になり、明らかな脱毛部が生じる状態を意味する。頭髪が多いが、眉毛や睫毛の場合もある。ペットや人形の毛、絨毯やセーターの毛を抜くこともある。時に抜いた毛を食べることもある。爪かみ、指しゃぶり、自傷性皮膚炎を合併することもある。知的障害者に多いといわれるが、正常知能の人にもみられる。２歳ぐらいから思春期までのいろいろな年代で発症する。男子にもみられるが、年長児では女子に多い。

　年長で発症するほど病的で深刻であり、情緒的な問題が存在していることが多い。幼児期の発症例では養育環境上の問題があることが多い。子どもの気持ちを理解し、やさしく接するように心がけること、また、両親のサポートなども大切である。小学校高学年以降の女子の場合には、家族関係の問題や否定的な自己像の問題を抱えていることもある。

　皮膚科的な治療は無効で、心理療法（箱庭療法やカウンセリング）や家族療法、薬物療法（抗うつ剤など）が必要なことが多い。思春期に発症する例は精神科など専門機関の受診をすすめるほうがよい。

(3)　登園拒否（分離不安）

分離不安と分離不安障害
　保育所等に入所して間もない頃には、登園をしぶったり、親から離れるのに必死に抵抗する幼児がいる。こうした状態が何日も続くと登園拒否とよばれる。登園拒否を示す幼児は、親から離れることや新しい環境に入っていくことの緊張と不安をうまく扱えない問題をもっている。ここでは親から離れることの不安（分離不安）とそれに対する子どもの対応能力について述べる。

　幼児にとって、ある程度の分離不安は一般的に認められ、正常の発達過程で当然予測される現象である。１歳未満では母親から引き離されたとき、「人見知り」という分離不安を示す。一方、分離不安障害は、保育所や小学校の入学、または転居などに伴って、不登校または登園拒否として出現してくる。

親からの分離に対して強い恐れや苦痛を伴っていることが多く、朝、出がけに頭痛や腹痛などの身体症状を訴えることが多い。

分離不安と愛着（アタッチメント）

　分離不安を理解するためには、親子関係の成り立ちを理解する必要がある。親の子どもに対するかかわり方と子どもの不安に対応する能力の発達について、ボウルビーの「愛着」（アタッチメント）の考えから学んでみる。

　愛着とは、子どもが養育者との間に形成する情緒的絆である。愛着行動には泣き叫ぶ、ほほ笑むなどの信号行動、身体的接触を求める接近行動、親の動きを追う定位行動がある。愛着行動の目的は、分離に伴う不安を解消し、安全感や安心感を獲得することである。愛着は安定した愛着と不安定な愛着に大別される。約3分の2の乳児は安定した愛着を形成するといわれている。安定した愛着が形成されると、基本的信頼感が育成される。

　分離不安は一般的には正常な反応であるが、ひとたび分離不安が出現すると愛着行動が活性化され、接近行動によって不安を解消しようとする。一方、不安定な愛着形成の状態にある子どもは、不安になっても適切な愛着行動を示すことができなかったり、接近行動ができないために、不安な状態が持続する。愛着に問題のある子どもが、厳しい環境に遭遇したとき、適応に失敗して分離不安障害が出現してくる。

登園拒否への反応

① 　一般的な対応

　分離不安にある乳幼児は愛着行動が活性化され、泣く、抱っこ、しがみつく、などの状態を示す。こうした状態の多くは、赤ちゃん返りの状態（退行状態）である。まず親や保育者が声かけや接近することで不安を鎮め、なだめてみる。ひどくいらついている場合や混乱しているときには体をしっかり接触させ、長めに時間をかけるようにする。

② 　分離不安障害に対する対応

　がんこな登園拒否や不登校では、親との愛着が十分形成されていないか、過去に経験した急激な分離による潜在的な不安が原因になっている場合もある。安心できる親子関係の再構築を図る必要があり、専門的な援助や治療が必要である。

（4）　児童虐待

　行政的には「児童虐待」が用いられるが、最近は「子ども虐待」を使用することも多い。従来、児童福祉法に基づいて対応されてきたが、児童虐待の

＊16
児童虐待防止法や児童
虐待の現状について、
詳しくは、第6章2(2)
(p.169)を参照。

増加に対応するために、2000（平成12）年に児童虐待の防止等に関する法律
（児童虐待防止法）が制定された＊16。また、これまで児童虐待は児童相談
所が対応してきたが、虐待件数の増加により、2005（同17）年から市町村に
要保護児童対策地域協議会が設置され、児童相談所に協力して対応している。

　ここでは、虐待が子どもに与える影響について考えていきたい。

虐待による子どもへの影響

① 　身体面の影響

　● 　発育障害

　病気や障害がないにもかかわらず身長の伸びが横ばいである、体重が増
えない、あるいは減っているときは虐待を疑う。成長曲線を作成すること
で、成長の様子を容易に知ることができる。重症心身障害児で摂食嚥下機
能障害のため、極端な発育障害をきたしている場合は、摂取している栄養
量、摂食方法について検討が必要である。

　● 　精神運動発達の遅れ

　脳性まひや神経筋疾患などの病気がないにもかかわらず運動発達が遅れ
ていたり、知的障害、自閉スペクトラム症（ASD）などの障害がないにも
かかわらず言葉が遅れていたり、日常生活動作の自立が遅れている場合は、
発達を促すための適切な刺激が不足していることを疑う。

　● 　乳幼児の骨折

　乳幼児の骨折の場合には必ず虐待も疑う。レントゲン検査で新旧の骨折
痕が見られる場合には虐待による骨折をくり返していることを示す。ただ
し、骨折をくり返しやすい骨形成不全症＊17という病気もある。

　● 　皮膚所見

＊17　骨形成不全症
骨のコラーゲン繊維を
正常に作ることができ
ないために骨が非常に
もろく、骨折しやすい
先天性の病気をいう。

　噛みあと、道具による傷跡や内出血、やわらかい組織の内出血を伴う抜
毛、首をしめたあと、境界鮮明な熱傷（やけど）などの不自然な傷は虐待
を疑う。また不衛生な皮膚の状態や重度の凍傷もネグレクトを考える。重
症心身障害児の場合には、体位交換を行わないと褥瘡（いわゆる床ずれ）
ができやすい。

　● 　揺さぶられっ子症候群

　乳児の頭部、上半身を激しく揺さぶることで頭蓋内出血（硬膜下血腫が
多い）、眼底出血などが起きる。

　● 　多数の重度の虫歯

　多数の未治療の虫歯があるなど、口腔内の極端な不衛生はネグレクトを
疑う。

② 　行動面の影響

- 乳幼児期

　表情が乏しい、落ち着きがない、他の子どもたちと一緒に遊べない、大人の誰にでも甘える、親が迎えに来ても無視して帰りたがらない、基本的生活習慣が身についていない場合には虐待を疑う。しかし、自閉スペクトラム症（ASD）や注意欠如・多動症（AD/HD）、知的障害などの発達障害がある場合にも同様の行動を示すので区別は難しい。また発達障害があると虐待を受けやすくなる。

- 学童期

　表情が乏しい、凍りついたような凝視、落ち着きがない、他児へ暴力をふるう、生き物に対して残忍な行為をする、給食で過食・おかわりをくり返す場合は虐待を疑う。

- 思春期

　不登校、他の生徒への暴力、大人への反抗、窃盗、器物破損、シンナー・覚醒剤吸引、盛り場徘徊（はいかい）・家出は虐待を疑う。性的逸脱行動、急激な成績の低下、授業中ボーッとしている場合には性的虐待も疑う。

- 青年期

　自分の子どもを虐待する、アルコール・覚醒剤・麻薬への依存、周囲の人とすぐトラブルを起こす、適切な異性パートナーを選べない。

児童虐待の対策

① 児童虐待に関係する機関の役割とネットワーク

　児童相談所は子どもへの虐待対応の中心である[18]。市町村は要保護児童対策地域協議会を設置し、保健センターでは乳幼児健診や保健師の家庭訪問などを通して母親への育児援助を行っている。病院や診療所は身体的虐待や重度のネグレクトの子どもを発見しやすく、重症例の入院治療を行っている。また、保育所、幼稚園、認定こども園は児童虐待の発見の場であり、保護者支援や関係機関との連携を行う役割がある。地域の関係機関は情報を交換しながら、家庭状況の変化、家庭訪問の行き詰まり、関係機関の考え方に相違が生じたときなどに事例検討を行っている。

② 子どもへの在宅援助、子どもの施設保護

　児童相談所に虐待通告があった場合、児童相談所はまず子どもの安全の確認を行う。緊急性が高い場合には、子どもは児童相談所の一時保護施設または病院で保護される。子どもが家庭での生活を続けることが困難だと判断された場合には、児童養護施設、障害児施設などの児童福祉施設へ入所するか里親委託となる。在宅で生活を続けることが可能と判断された場合は、保護者が児童相談所などからの定期的指導を受ける。2016（平成28）年度の「福

*18
児童虐待防止対策のこれまでの経緯や現状について、詳しくは、第6章2(2)（p.169）を参照。

祉行政報告例」では、児童相談所で対応した被虐待児童の大部分は在宅援助となり、約4％が児童福祉施設へ入所し、約0.5%が里親委託になっていることが示されている。

親への支援、子どもへの支援

① 親への支援

　親の性格、親の成育歴、家族状況を考えながら、親の気持ちを受容する。親には具体的な子どもの養育方法を伝え、地域の福祉、医療、保健、教育などの機関と連携して支えることが重要である。精神疾患をもつ親には専門的治療が必要である。

　親支援プログラムとして、日本でも、①Nobody's Perfect（NPプログラム）[19]、②MY TREEペアレンツ・プログラム[20]、③コモンセンス・ペアレンティング[21]、④前向き子育てプログラム（トリプルP）[22]などが実践されている。

② 子どもへの支援

　子どもに対しては安心して生活できる場所を与え、将来自立して生活ができるよう教育することが必要である。心の傷を癒すには、安心できる大人との間の丁寧な心の通い合いが必要である。

③ 障害のある子どもをもつ親への支援

　親の介護負担を軽減する具体的な支援を行う。早期に療育センターを紹介し、通園グループへの参加を促すことは、具体的な子どもへのかかわり方を学び、同じ障害児をもつ親と知り合える機会となる。公的なさまざまな支援制度の利用についても情報提供することが大切である。

*19 Nobody's Perfect
「完璧な親なんていない」。カナダで開発された子育て支援プログラム。育児不安を軽減することを目的としている。

*20 MY TREEペアレンツ・プログラム
一般社団法人 MY TREEが行っている虐待や性暴力の加害者・被害者のためのプログラムをいう。

*21 コモンセンス・ペアレンティング
アメリカで開発された被虐待児の保護者支援プログラム。暴力や暴言を使わずに子どもを育てる技術を親に伝える。

*22 前向き子育てプログラム（トリプルP）
子ども自身の可能性を伸ばせる家庭環境をつくることを目的としてオーストラリアで開発された支援プログラムをいう。

【初出一覧】

■第1節　駒田聡子「子どもを取り巻く生活環境と心身の保健」服部右子・大森正英編『図解 子どもの保健Ⅰ［第2版］』みらい　2017年　pp.52－56（第3章第3節）／pp.61－65（第3章第5節）

■第2節・第3節(1)　矢嶋茂裕「子どもによくみられる症状とその対処法」服部右子・大森正英編『図解 子どもの保健Ⅰ［第2版］』みらい　2017年　pp.115－117（第7章第1節）／pp.118－123（第7章第2節1）

■第3節(2)(3)　大西薫「感染症とその対策」今井七重編『演習子どもの保健Ⅱ［第2版］』みらい　2017年　pp.170－173（第7章第1節1・2）

■第4節　根来民子「子どもの精神（こころ）の健康とその課題」服部右子・大森正英編『図解 子どもの保健Ⅰ［第2版］』みらい　2017年　pp.86－98（第5章第1節）

【参考文献】

今村榮一・巷野悟郎編『新・小児保健［第12版］』診断と治療社　2008年

小川博久・新井孝昭編『領域別・保育内容研究シリーズ3　環境』ひかりのくに　2002年

上田礼子・光岡攝子・小山睦美編『小児保健学——生涯発達の視点にたって』福村出版　1994年

平山宗宏・日暮眞・高井俊夫編『小児保健』東京書籍　1995年

改訂・保育士養成講座編纂委員会編『保育士養成講座第5巻　小児保健［第3版］』全国社会福祉協議会　2009年

大森正英・森基要監修『実践健康学』中央法規出版　1992年

鴨下重彦ほか監修、日本医師会編『実践　小児診療』第129巻12号　日本医師会雑誌特別号　2003年

松田道雄『育児の百科』岩波書店　1999年

日本小児科学会予防接種・感染症対策委員会「学校、幼稚園、保育所において予防すべき感染症の解説（2017年5月改訂版）」

アメリカ精神医学会『DSM-5　精神疾患の診断・統計マニュアル』医学書院　2014年

宮本信也・土橋圭子編『病弱・虚弱児の医療・療育・教育［第3版］』金芳堂　2015年

小枝達也編『ADHD、LD、HFPDD、軽度MR児保健指導マニュアル』診断と治療社　2002年

第**2**章

栄養に関する基礎知識

1　栄養の生理

　栄養とは、「人が呼吸・排泄・生活活動や生殖など生命を営む際に必要な物質を取り入れて利用する（物質代謝）現象」である。「子どもの成長や健康維持のためには何をどのくらい食べればよいか」を考えるとき、成長する身体にはどのような栄養素がたくさん必要かを知る必要がある。さらに、健康を維持する身体の仕組み（生理）を知ることによって、食生活のあり方を考えることができるようになる。

(1)　抵抗力ってなに？

　私たちを取り巻く環境に対して、身体の内部の状態を内環境という。環境のさまざまな変化による刺激、たとえば気温や湿度の変化・食物摂取・感染・外傷・遊びや人間関係による刺激などをストレス（ストレッサー）という。

　ストレスによって内環境は大きく揺れ動くが、やがて状況に適応し、安静な状態に回復していく。このように環境の変化や精神的変化があっても、内環境はいつも一定の範囲内（恒常性またはホメオスタシス）にあるように調節されている。ストレスを和らげ、その変化に適応することによって心身の安定を回復させる働きを恒常性維持機構という。内環境が一定の範囲内にある状態を健康と考える。私たち生物は恒常性維持機構によってさまざまなストレスに慣れながら個々にあった内環境の安定、すなわち健康状態をつくっていく適応能力をもっている。したがって、抵抗力とは、適応能力、環境に適応していく力である。

　日々経験するストレスや学習（繰り返し経験すること）、および知識によって得られた情報を蓄積した大脳が、恒常性維持機構の司令塔となる。さまざまな環境からの刺激（ストレス）は目、耳、鼻、口および皮膚をセンサーとして大脳に送られる。大脳は、蓄積した情報から刺激を和らげる信号をつく

り出し、自律神経系やホルモン分泌腺に「意思」として司令を出す。自律神経系からの信号によって行動を起こさせ、ホルモンはそれぞれの器官でストレスに対応した物質代謝*¹を調節する。たとえば、気温の高いときには、体内では発汗を促進する物質代謝や神経系の作用によって血管が拡張するなどの生理的反応が起きるとともに、衣服を脱ぐ、汗をぬぐうなどの行動を起こすので、体温は37℃前後に維持されることになる。

　抵抗力は、身体が本来もっている適応能力であるが、大脳による判断の影響が大きい。「病は気から」という言葉の意味や、言葉がけ、寄り添いによって子どもが元気を取り戻すことができるということを理解できる。

(2)　きまりよい食事のリズムが大切

生体リズム──朝ご飯の必要性

　生物の身体には生物時計があって、睡眠覚醒・体温の変化・排泄・食欲・月経など一定の周期をもって変動している。このうち1日を周期とする基本的なリズムは地球の自転に同調している。そのリズム（サーカディアンリズムまたは概日リズム）にしたがって、私たちは昼に活動して夜は眠り、午前中に体温が上昇し、夕方には下がっていくというサイクルで生活をしている。

　また目覚めている時間帯には、おおよそ6時間ごとに空腹感があらわれる。これらのリズムを生体リズムといい、光・音や食事に影響される。生体リズムが安定している状態では、さまざまな環境の変化（ストレス）に適応しやすいことがわかっている。基本的な生体リズムである概日リズムは、人の場合、およそ25時間の周期（生物時計）であるが、社会生活の基本となっている時計は24時間を周期（社会時計）とする。そのため体内の生物時計と生活にある社会時計との「ずれ」*²が生じる。この「ずれ」を修正できるのは、太陽の光と音と食事である。朝の目覚める時間を一定にするために、目覚まし時計を鳴らしてカーテンを開け、朝の食事をとることは、「ずれ」を調整する自然な行為である。

　消化吸収にかかわるホルモンや酵素は、日常の習慣によって摂食時間に対応し、反射的に活性が高くなることが観察されている。消化吸収の日内リズムは決まった時間に食事をするという学習によって得られる。安定した生体リズムにするために朝食が必要なのである。食事の時間を主軸とした生活の組み立てによって抵抗力のある健康な身体づくりができる。

血糖の恒常性

　生命活動のエネルギーを供給する主な栄養素はグルコース*³である。血

*1　物質代謝
体内で起こる化学反応をいう。物質代謝について、詳しくは、本章3(2)（p.43）を参照。

*2　ずれ
社会時間の自然とのずれは「うるう（閏）年」「うるう秒」などで補正している。

*3　グルコース
炭水化物（糖質）を構成している単糖類のひとつをいう。でんぷんを消化するとグルコースまで分解して吸収される。筋肉や肝臓に貯められたグリコーゲンを分解するとグルコースとなる。

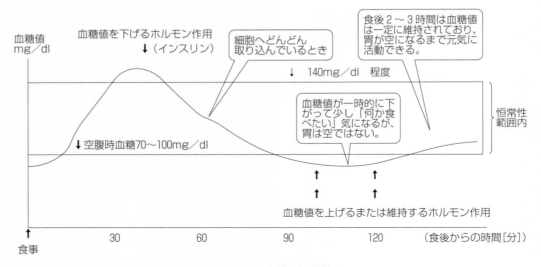

図2－1　血糖の恒常性

液中のグルコースを血糖という。体内では、血糖値を一定に維持する働きがあり、主にホルモンによって調節されている。

　食事をとると、優先的に吸収されたグルコースによって血糖値が上昇し、満腹感が得られる。グルコースは吸収された後、速やかに体内組織に取り込まれていく。血糖値の変化を食後の時間を追って測ってみると、食後30分から1時間で上昇し、およそ2～3時間後には恒常性の範囲内に戻り、ほぼ一定に維持される（図2－1）。ホルモンだけではなく神経系によっても調節される。頻回な食事、欠食、まとめ食いや日常的に甘いジュースなどで空腹をしのぐなどは血糖値が戻るサイクルを乱し、急激な血糖上昇を引き起こす。近年これらの食習慣の乱れが血糖調節維持を困難にしていることが指摘されている。食物繊維は血糖値の急激な上昇を抑えることがわかっている。

発育は食物への適応・順応

　食事もストレスのひとつである。私たちは出生後から乳汁期、離乳期、幼児期へと成長する過程で食べ物に味覚が慣れ、満腹感が発現して食欲調節が可能になり、消化器官が慣れ、さらに食物成分に肝臓・腎臓が慣れてきたのである。これを食物への適応または順応という。

①　食欲調節

　食欲は、脳にある食欲中枢（視床下部）によって調節されている。食物摂取による体内の生理的刺激（血糖の利用率、胃壁の収縮・膨満、血中脂肪酸濃度、味覚刺激など）が食欲中枢（摂食中枢と満腹中枢）を刺激して空腹感、満腹感を繰り返す食欲リズムをつくっている。乳児期の自律哺乳は、生後

２か月頃から一定間隔の授乳になることをいうが、これは「赤ちゃんが泣いて飲んで眠る」を繰り返すことによって、空腹感と満腹感が交互にあらわれる食欲リズムができた結果である。消化器官の成長とともにこの間隔は長くなり、離乳期から幼児期にかけてほぼ成人と同じ時間に食事がとれるようになる。

　生体リズムを安定させるために、食間には食べないで消化器官を十分に機能させてしっかりと空腹にすることは、成長期のみならず成人にも大切である。

② 　肝臓の発達と食物順応

　肝臓の主な働きは次の６つである。

・吸収された栄養素や体内で代謝された物質の処理

・血糖調節につながる糖質の代謝

・血液成分の合成、分解および血液量の調節（胎児期には造血器官となり血液の貯蔵をする）

・体内で生じた有害なものや取り込まれた有害なものの解毒

・消化液胆汁の合成

・尿素の合成

　肝臓は生まれたときから十分な機能はあるが、肝重量が小さいので、成人と同等の働きができるようになるのは７〜８歳頃とされる。生理的効果がある食物成分をもつ香味野菜や香辛料はまったく避ける必要もなく、幼児期からごく少しずつ経験して慣れていくとよい。カフェイン、アルコールなどは避ける。

③ 　腎臓の発達と食物順応

　腎臓の主な働きは次の２つである。

・体内で生じた水溶性の有害物や吸収された有害物が肝臓で解毒されて、腎臓でろ過されて排泄される。

・体内水分量を平衡維持する（汗が多いときに尿量は少なく、過剰な水分摂取は尿量を増加させる）。

　腎臓は栄養素と排泄するものを振り分けて尿をつくることと、体内の水分を一定に維持する働きをもつ臓器であるが、そのろ過装置は生後しばらく未熟な状態である。成人と同等の働きをするようになるのは３〜４歳以降である。濃い味は水分調節に影響するナトリウムが多く、未発達な腎臓に負担である。

2　食べ物のゆくえ

（1）栄養素

　食べ物の成分のうち、人が体内に取り込んで利用できる成分を栄養素という。栄養素は食べ物や身体を構成している高分子化合物で、エネルギー源となる炭水化物、脂質、たんぱく質とミネラルおよびビタミンである。炭水化物のうち人の身体を構成しているものを糖質*4 という。人は高分子化合物のままでは細胞内（体内）で利用できないので、消化することにより利用できる低分子化合物に分解してから吸収する（表2－1）。

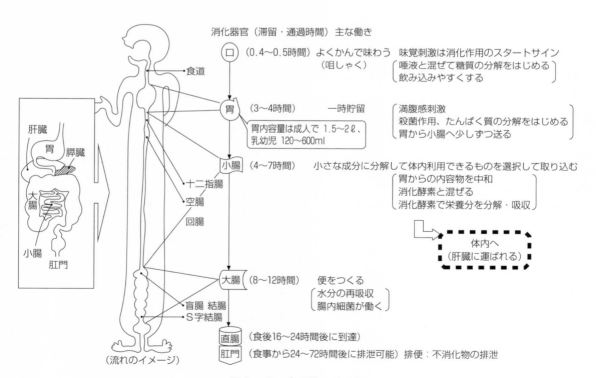

*4　糖質
食品成分表では炭水化物のうち粗繊維を除いたものとしている。

表2－1　栄養と栄養素

栄　養	栄　養　素
エネルギー源	炭水化物（糖質）、脂質、たんぱく質
人体構成	たんぱく質、脂質、無機質
代謝調節	ミネラル、ビタミン、たんぱく質

消化器官（滞留・通過時間）主な働き

口 （0.4～0.5時間）よくかんで味わう　味覚刺激は消化作用のスタートサイン
（咀しゃく）
［唾液と混ぜて糖質の分解をはじめる
飲み込みやすくする］

胃 （3～4時間）　　一時貯留
［満腹感刺激
殺菌作用、たんぱく質の分解をはじめる
胃から小腸へ少しずつ送る］
胃内容量は成人で1.5～2ℓ、乳幼児 120～600ml

小腸 （4～7時間）　小さな成分に分解して体内利用できるものを選択して取り込む
［胃からの内容物を中和
消化酵素と混ぜる
消化酵素で栄養分を分解・吸収］

体内へ
（肝臓に運ばれる）

大腸 （8～12時間）　便をつくる
［水分の再吸収
腸内細菌が働く］

直腸 （食後16～24時間後に到達）
肛門 （食事から24～72時間後に排泄可能）排便：不消化物の排泄

（流れのイメージ）

肝臓　胃　膵臓　大腸　小腸　肛門
食道　十二指腸　空腸　回腸　盲腸　結腸　S字結腸

図2－2　食べ物のゆくえ

(2)　消化と吸収

　食べ物は、口でかみ砕かれ、さらに消化液と混ぜられてやわらかくなり（機械的消化）、胃、小腸を通過する間に、食物中の成分を体内に取り込むことのできる小さな分子に分解される（化学的消化）。分解された成分は、小腸で吸収され、その残りは大腸を経て排泄される。大腸では腸内細菌が未消化物を分解するが、それを吸収利用することがある（生物的消化）。食物が便として排泄されるまでに、通常の日本食では18〜24時間かかる。乳児では母乳で平均13時間、人工栄養で平均16時間である（図2－2）。

(3)　栄養素の消化

　栄養素は、消化液に含まれる加水分解酵素によって段階的に分解され、吸収利用できる低分子化合物にまで分解される（表2－2）。

表2－2　栄養素の消化による分解と吸収利用できる成分の名前

栄養素 （高分子化合物）	消化液	栄養素の分解過程	吸収利用できる 低分子の栄養素
炭水化物 （糖質）	唾液アミラーゼ 膵液アミラーゼ マルターゼ ラクターゼ	でんぷんをデキストリンに分解 デキストリンをマルトースに分解 マルトースをグルコースに分解 乳糖をグルコース、ガラクトースに分解	グルコース ガラクトース フルクトース （単糖類）
脂質	リパーゼ	脂肪を脂肪酸とグリセリドまたはグリセロールに分解	モノグリセリド グリセロール 脂肪酸
たんぱく質	胃液ペプシン 膵液プロテアーゼ （トリプシンなど） 膜上酵素 （ペプチダーゼ）	たんぱく質をペプトン、プロテオースに分解 ペプトン、プロテオースをポリペプチド、ジペプチドに分解 ジペプチドをアミノ酸に分解	アミノ酸

出典：岩田章子「栄養・食品の知識―生きることと食べること」峯木真知子・髙橋淳子編『子どもの食と栄養（一部改訂）』みらい　2014年

3　栄養素の働き

　消化吸収されて取り込まれた栄養素は、人体構成成分に生合成（同化）されたり、身体活動や生命活動のエネルギー源として酸化分解（異化）されたりする。このような栄養素の体内での化学反応による変化を代謝という。

（1） エネルギー代謝

　人は発育成長する過程のなかで、身体の働きを維持して生きていくために
エネルギーを消費する。そして、消費するエネルギーとつりあう量を食べ物
から得ていく。エネルギー代謝とは、食べ物の成分が身体をつくり、活動の
源になる現象をエネルギーの流れでみたものである。食べ物から得たエネル
ギーは、身体をつくっている成分の化学エネルギー（結合エネルギー）や活
動エネルギー、体温を維持する熱エネルギーなどに変換される。基本的な生
命活動である呼吸、血液循環や筋肉運動、栄養素の吸収、人体構成成分の代
謝など栄養代謝におけるエネルギーの体内での流れは、アデノシン三リン酸
（ATP）が担っている。ATPは全身の細胞に存在する化学反応経路TCAサ
イクル[*5]（図2－3）でつくられる。グルコースは分解されてピルビン酸、
アセチルコエンチームA（アセチルCoA）となりTCAサイクルで水素と炭
酸ガスにまで酸化分解される。分解されて出た水素が酸素と結合して水にな
るときに生じたエネルギーがATPの結合エネルギーに保存される。グルコー
スやピルビン酸は炭水化物からだけではなく、たんぱく質や脂質からも供給
される。栄養素や人体構成成分を分解して得られたエネルギーはATPに保
存され、体内に一定量維持され、筋肉運動や物質代謝に利用されるのである。
　生命維持のために最低限必要なエネルギー代謝を基礎代謝という。体重1

*5　TCAサイクル
細胞内のミトコンドリ
アにある化学反応系の
名前である。クエン酸
サイクルともいう。こ
こに出てくる化合物の
名前は日常で聞く機会
が多いので知っておく
とよい。

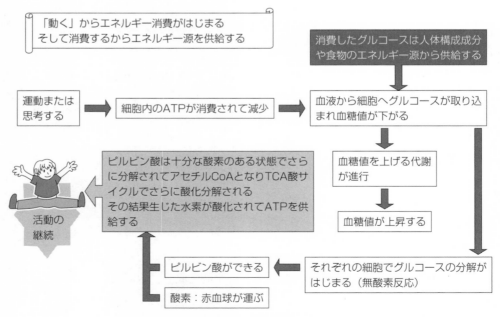

図2－3　エネルギー供給のあらまし

kgあたり1日の推定エネルギー必要量の基礎代謝率は2〜3歳頃が最大値
となる。乳児では約60%が脳で消費されるのに対して、成人は脳・肝臓・筋
肉・そのほかでそれぞれ4分の1ずつ消費している。また基礎代謝量は思春
期が最大値*6となる。

＊6
20〜30代に入って思春
期と同じように食べて
いると中年肥満の下地
になるので注意が必要
である。

(2)　人体構成成分の代謝・栄養素の働き

人体構成成分（栄養素）とその主な役割を表2-3にまとめた。身体を構
成するこれらの栄養素は互いに変換する。たんぱく質や脂肪から糖質を、糖
質やたんぱく質から脂質を生合成できる。物質が分解されて異化（水と炭酸
ガスになって放出）に使われて、その分を食べ物から獲得していくという物
質の流れを物質代謝という。物質の新陳代謝である。

エネルギー源

① 糖　質

体内の糖質はグルコース、グリコーゲンが主なものである。グルコースは
主要なエネルギー源で肝臓、筋肉にグリコーゲンとして貯蓄される。糖質1g

表2-3　生体成分とその分布と主な役割

化合物 （栄養素）	生体内含量 体重比%	分布・局在	主な役割
糖質	1以下	血液中ブドウ糖、肝臓・筋肉のグリコーゲン 乳汁、消化液、分泌液のムチンなど	エネルギー源 たんぱく質や脂質と結合して粘膜保護や代謝調節をしている。 核酸成分
脂質＊	男16前後 女30以下	皮下、腹腔：中性脂肪 生体膜：リン脂質、糖脂質、コレステロール 血液：リポたんぱく質 性ホルモン：ステロイド類	エネルギー源、貯蓄エネルギー 内臓固定、体温保持、体外からの物理的刺激の緩和（クッション作用） ホルモン、胆汁酸
たんぱく質	16＊＊	筋肉、骨、歯、毛髪、爪、血液	筋肉、酵素、ホルモン、免疫抗体構成など生命活動分子となる。 エネルギー源 血液成分
ミネラル＊＊＊	4〜5	硬い組織、軟組織成分 体液中の電解質	骨、歯、ヘモグロビン構成 体液の浸透圧調節、酸アルカリ平衡の調節 補酵素作用
ビタミン	微量	肝臓、皮下脂肪、血液	補酵素成分、神経作用、抗酸化作用

＊　体脂肪率は体内脂質中の中性脂肪の割合。体内脂質量の多い人は体水分量が少ない。脂質中体脂肪は10〜25%
＊＊　生体重量比の平均値である。筋肉量に相関しており男性のほうが高い。
＊＊＊　ミネラル、ビタミン各論については「表2-4、表2-5」を参照。

あたりおよそ4kcalのエネルギーを供給する。そのほか、遺伝子核酸の構成成分（リボース）、たんぱく質や脂質と結合していて免疫反応や粘膜、皮膚や結合組織の保護などに機能している複合糖質、多糖類などがある。それは非常に微量であるが体内で重要な働きをしている。

② 脂質

体内の脂質は、ほとんどが中性脂肪（TG）として皮下、腹腔(ふくくう)に存在している。中性脂肪はグリセロールと3分子の脂肪酸からなる化合物である。エネルギー源であり、1gあたりおよそ9kcalのエネルギーを供給する。体格をつくり内臓や骨格を保護するクッション作用をもつ。リン酸や糖質と結合している複合脂質は細胞膜や生体の膜を構成する。ステロイドホルモンである抗ストレスホルモンや性ホルモンは脂質である。

③ たんぱく質

たんぱく質は、アミノ酸[*7]が多数結合した高分子化合物である。筋肉、歯、骨、爪、毛髪および血液成分など身体をつくっている。さらに、恒常性維持機構をつかさどるホルモンや酵素、免疫物質など生命現象に欠かせない生体分子がたんぱく質である。たんぱく質は貯蓄型栄養素ではない。合成・分解を繰り返しながら、常に一定量が体内に保持できる仕組みになっている。幼児期は身体的成長が著しいため、体たんぱく質合成方向に偏りがちだが、特に幼児期前期においては脳の栄養感受期でもあるため、不足しないように摂取する必要がある。また、体内で合成できないアミノ酸があり、これを必須アミノ酸[*8]という。この必須アミノ酸の含まれ方でたんぱく質の「質」を評価する方法が化学的評価法[*9]である。さらに、体重増加や窒素出納量から体内に蓄積するたんぱく質量を判定する生物学的評価法がある。人の成長にとって利用効率のよいたんぱく質の「質」は、1つの食品から得るのではなく、いくつかのたんぱく質性食品を少しずつ組み合わせることで高めることができる。たんぱく質がエネルギー源として分解される場合は、糖質と同じ1gあたり4kcalのエネルギーを供給する。このときに分解されて生じるアンモニアは肝臓で尿素に変えられ腎臓を経て排泄される。

ビタミン

代謝調節をする有機化合物で食べ物から得なければならないものをビタミンといい、13種類以上が知られている。その主な働きは、抗酸化作用[*10]、補酵素[*11]成分、神経作用である。体調や食生活によって不足しやすいビタミンとして、たとえば、「発熱時や過労時にはエネルギー消費が亢進(こうしん)してビタミンB群の生理的要求量が高まる」「心理的ストレス負荷時やアルコール多飲、喫煙、激しい運動習慣などの生活習慣はビタミンC、ビタミンAなど

*7 アミノ酸
天然にはおよそ20種類ある。

*8 必須アミノ酸
ロイシン、イソロイシン、リジン、メチオニン、フェニルアラニン、スレオニン、トリプトファン、バリン、ヒスチジンをいう。

*9 化学的評価法
国連食糧農業機関（FAO）、世界保健機関（WHO）、国連大学（UNU）で必須アミノ酸の含有比率で成長効率のよいパターンをもつ理想たんぱく質を設定して基準とし、算定用評点パターンを示した。これと比較してそれぞれの食品のたんぱく質の質をあらわす。

*10 抗酸化作用
栄養素や生体の成分が体内で酸化されないように保護する働きをいう。

*11 補酵素
酵素と複合体をつくり代謝を調節する生体分子をいう。

表2－4　成長期に不足しやすいビタミンの作用、欠乏・過剰と多く含む食品

種類	化学名	生理作用	欠乏症・不足症状**	過剰症***	多く含む食品
ビタミンA	レチノール	視紅成分*、上皮粘膜組織の発育、保護成長、免疫作用など細胞分化にかかわる	夜盲症、眼球乾燥症、毛包性角化症、抵抗力の低下、成長遅延	頭痛、嘔吐、食欲不振、出産異常	豚レバー、うなぎ、有色野菜、マーガリン、卵黄
ビタミンD	カルシフェロール	カルシウムの腸管吸収促進、カルシウム代謝調節	くる病、骨軟化症、骨・歯の発育不全	食欲不振、口渇、多尿、関節痛	魚肝、干し椎茸、さけ、まぐろ、かつお、さば、いわし、ぶり
ビタミンE	トコフェロール	抗酸化作用（ビタミン、細胞膜の保護）	神経性異常（腱反射損失、視野障害など）		レバー、アーモンド、落花生、うなぎ、モロヘイヤ
ビタミンK	フィロキノン	血液凝固因子生成、骨の健康維持	新生児の出血性疾患、血液凝固遅延	溶血性貧血	糸引き納豆、緑黄色野菜（ブロッコリー、豆苗、小松菜など）、海草（わかめ）
ビタミンB₁	チアミン	糖質エネルギー代謝補酵素成分、神経作用	脚気（頻脈、脚のむくみ、けいれんなど）、疲労感、食欲不振、多発性神経炎		胚芽米、うなぎ、豚ヒレ肉、ボンレスハム、強化米
ビタミンB₂	リボフラビン	エネルギー代謝補酵素成分、上皮組織正常維持作用	口内炎、口角炎、疲労感、脂漏性皮膚炎、発育遅延		レバー、大豆、卵黄、のり、しじみ、うなぎ、さば、かれい
ビタミンB₆	ピリドキシン	たんぱく質代謝補酵素成分、中枢神経系作用	口唇炎、舌炎、口内炎、脳障害（興奮、憂うつ、錯乱など）	上限量有	いわし、さけ、まぐろ、白米、牛レバー、卵、バナナ、豆類
ビタミンB₁₂	コバラミン	造血作用、神経機能の維持	悪性貧血		レバー、しじみ、あさり、すじこ
ビオチン		脂肪酸合成、糖新生、アミノ酸代謝にかかわる	皮膚炎、結膜炎、脱毛		レバー、大豆、落花生
パントテン酸		コエンザイムAとして糖質、脂質代謝にかかわる	成長障害、手足の知覚異常、頭痛、疲労感		レバー、卵黄
ナイアシン	ニコチン酸	エネルギー代謝補酵素成分	ペラグラ（皮膚炎）、疲労、頭痛	上限量有	かつお、さば、鶏肉、レバー、腎臓、ヒラタケ、ピーナッツ
葉酸	プテロイルグルタミン酸	血球の再生、アミノ酸、核酸塩基の生成に必要	巨赤芽球性貧血	上限量有	鶏レバー、菜の花、モロヘイヤ、赤ピーマン、ブロッコリー、枝豆
ビタミンC	アスコルビン酸	コラーゲン生成に関与、抗酸化作用	壊血病（斑状出血、歯茎の腫れ、出血、関節痛など）		ブロッコリー、赤ピーマン、芽キャベツ、じゃがいも、さつまいも、甘柿

＊　視覚暗順応調節たんぱく質。
＊＊　水溶性のビタミン（表中ビタミンB₁以下）の欠乏症は単独で起こることはなく、他の栄養素やビタミンの不足も合併している。
＊＊＊　過剰症は水溶性のビタミンにはないとされるが治療などでの過剰投与による異常報告例がある。

が不足しやすい」「糖質に偏った食生活ではビタミンB₁欠乏があらわれる」
ことがわかってきている。ビタミンには欠乏症があり、その際に不足しているビタミンを補うと症状が改善し薬のような効果があるため、サプリメント

が商品として市場に存在する。しかし、ビタミンは栄養素なので食品からとることが原則である。また、基本栄養素の摂取が不十分であれば、その効果も期待できない。成長期に不足しやすいビタミンについて、体内での働き（生理作用）、欠乏症および過剰症を表2－4にあらわした。

ミネラル（無機質）

ミネラルは、身体の硬組織、軟組織を構成しているもの、電解質として体液*12に溶けているものがある（表2－5）。カルシウム、リンは骨や歯を構成している。骨はカルシウムの貯蔵庫でもある。赤血球に含まれるヘモグロビンは鉄を含むたんぱく質で酸素の運搬をしている。ほかに、たんぱく質やホルモンの成分になるミネラル、補酵素として働くミネラルがある。体液に溶けている主な電解質は、カリウム、ナトリウム、マグネシウム、カルシウムで、細胞の内外濃度が変化することによって、①体液や血液のpHを中性に維持し、②細胞内外の栄養素の出入りや、③水分調節、④筋肉運動を調節する神経からの情報伝達を調節している。細胞内のカリウムやマグネシウムは、一定量が体内に維持されるように腎臓で調節されている。濃い味で食べると細胞外液ナトリウムが多くなり、体内水分量や細胞内外のミネラルバランスを維持するために細胞内液の水カリウムも排泄されるので、脱水の危険が生じてのどが渇くのである。

*12 体液
栄養素を含む生体成分を溶かした体内の水分を体液という。

表2－5　ミネラルの作用、欠乏・過剰と多く含む食品

種類（記号）	生理作用	欠乏症、不足の状態	過剰症・毒性	多く含む食品
カルシウム（Ca）	骨や歯をつくる、血液凝固調節、神経伝達刺激、補酵素となる	骨軟化症、発育遅延テタニー様けいれん*	軟組織への石灰沈着	いわし、どじょう、干しえび、牛乳、乳製品、しらす干し、豆腐
リン（P）	骨や歯をつくる、核酸、高エネルギー化合物の成分			魚の干物、米
マグネシウム（Mg）	補酵素となる、筋肉運動調節、体液の浸透圧調節、酸―アルカリ平衡維持	慢性的血中濃度低下で心筋、神経機能異常	悪心、嘔吐、低血圧、下痢	昆布、わかめ、大豆、納豆、ごま、ほうれん草
ナトリウム（Na）	腎臓で体内水分調節にかかわる、体液の浸透圧調節、酸―アルカリ平衡維持	発汗過多		食塩調味料（塩、醤油、みそ、ソース、固形スープなど）
カリウム（K）	筋肉運動、内分泌系での電位的信号による神経伝達体液の浸透圧調節、酸―アルカリ平衡維持	虚弱、食欲不振		じゃがいも、きゅうり、バナナ、りんご、メロン、大根、里芋
鉄（Fe）	赤血球内のヘモグロビン成分、補酵素となる	鉄欠乏性貧血	鉄過剰症**	レバー、ひじき、しじみ、いわし
銅（Cu）	補酵素となる、造血因子	貧血、白血球減少		ひじき、きな粉、えび、カニ
亜鉛（Zn）	補酵素となる	成長阻害、味覚障害	めまい、嘔吐	牛肉、貝類、大豆
ヨウ素（I）	甲状腺ホルモンの成分（発育促進、基礎代謝の亢進）	甲状腺腫	甲状腺機能亢進	こんぶ、わかめ、いわし、かつお

＊　血中カルシウムが急激に減少したときに起こる四肢の発作的硬直性けいれん。
＊＊　ヘモクロマトーシス：遺伝性または鉄剤過剰投与による鉄過剰症。臓器への鉄沈着によって機能低下が起こる。

水　分

　水は生命維持に不可欠である。人は体重の約2%の水分減少でのどの渇き
を覚え、7～15%減少で精神状態に影響を受け、さらに生命の危険に陥る。
体内の水分量は成人で体重の約60%、幼児で70%、新生児で80%である。栄
養素を溶かし、化学反応の場となり、体温を一定に維持する働きがある。体
内の水分量は常に動的平衡状態を保っており、1日の水分の出入りはほぼ一
定である（表2－6）。その必要量は摂取1kcalあたりで比較すると、成人
は約1ml、乳幼児は1.5mlである。乳幼児では体内に水分量が多く、体内外
の出納量も多いので、常に水分補給が必要である。水分補給は入浴・沐浴・
外気浴の後、発汗の多いとき、寒くて乾燥したときなどに欠かせない。特に
下痢、嘔吐、発熱時には脱水症で危険な状態になる場合もあるので、頻回で
速やかな水分補給を必要とする。

表2－6　成人の身体の水分出納（ml／1日）

体から失われる水（総排泄量）		供給される水（総摂取量）	
尿：不可避尿 　　可避尿	約500 約1000～1200	食物	約1000～1200
汗：発汗 　　不感蒸泄[*13]	約400 約300～900	代謝水[*14]	約300
糞便	約100	飲み物	約1000～1500

＊13　不感蒸泄
呼気とともに排出され
る水や体温調節で皮膚
から蒸発する水をいう。

＊14　代謝水
エネルギー代謝によっ
てエネルギー源が酸化
分解された結果、体内
で生成される水をいう。

(3)　体をつくる成分と食事

身体構成成分と栄養素バランス

　「日本人の食事摂取基準（2020年版）」（以下、「食事摂取基準」ともいう）[*15]
では、炭水化物の総エネルギー比は50～65%未満がよいとされている。ま
た、脂質の総エネルギー比の目標割合は20～30%未満としている。身体を構
成する水分とエネルギー源を含む構成割合と食事を比較すると、炭水化物は
ほとんど体内に残らず生命活動エネルギーとして消費され、たんぱく質や脂
質は身体構成比に見合った割合であることがわかる（図2－4）。身体構成
比に見合った栄養素の割合の食事が、バランスのとれた食事であることがわ
かる。

＊15
「日本人の食事摂取基
準」について、詳しく
は、本章5(1) (p.57)
を参照。

体に役立つ食物成分

　代謝を調節するホルモン、酵素、ビタミン、ミネラルのほかにも代謝を調
節したり老廃物を排除するなど、生理的に働く食物成分がある。これらの食
分成分には、腸の働きをよくする食物繊維や生理作用が解明されてきた生理

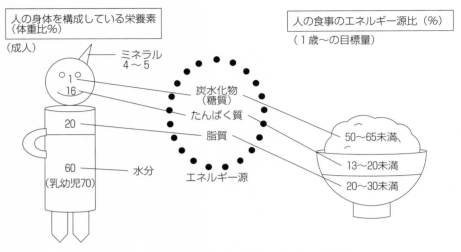

人の身体を構成している栄養素
（体重比%）

（成人）

ミネラル
4〜5

1
16

20

60
（乳幼児70）　　　水分

人の食事のエネルギー源比（%）

（1歳〜の目標量）

炭水化物
（糖質）
たんぱく質
脂質

エネルギー源

50〜65未満

13〜20未満

20〜30未満

図2−4　バランスのとれた食事と身体構成成分

活性成分がある。

① 食物繊維

　食物繊維は「消化されにくい食物成分」のことである。野菜に含まれているセルロース、リグニン、キチンなど水に溶けない不溶性食物繊維とペクチン、カラギーナン、こんにゃくマンナンなどの可溶性食物繊維がある。野菜、果物、きのこ、海藻、カニ・エビの殻などが給源となる。生理的な働きは、以下の通りである。

　　・血糖値の急上昇を抑制　　　・血中コレステロール値の抑制

　　・排便促進　　　　　　　　　・肥満予防

　　・添加物の排泄作用　　　　　・過剰塩分の排泄

　食べる量の目安は、排便が1日に1回あることでもわかる。個人差があるので適正な摂取量は明確ではない。食事摂取基準では、成人の目標量を男性21g以上、女性18g以上としている。高齢者や乳幼児では、カルシウムや鉄が不足しやすいが、食物繊維をとりすぎるとこれらを吸着して体外に排泄するので調理の工夫など食べ方に注意が必要である。

② 生理活性成分

　生活習慣病の予防に有効な食品成分は、香辛料や嗜好性飲料などに含まれている。緑黄色野菜の色素成分、茶のカテキン、タンニン、薬味や香辛料の辛味成分などである。これらは、微量で抗酸化作用のあるビタミンの保護や代謝調節をするホルモンのような働きをしたり、動脈硬化の予防効果など重要な役割を果たすことが報告されている。それらの効果は個々に報告されていて一概にまとめられないが、栄養素ではなくても、食品に含まれる成分の

多くは、人体によいものであることが科学的に証明されてきている。できる
だけ幅広い食品を食べすぎずに摂取することが大切である。

4　小児期の食べ物──各種食品の栄養的特徴

(1)　エネルギー源となる食品とその栄養的特徴

穀類およびその製品

　穀類には、米、小麦、そば、大麦、燕麦、とうもろこしとその製品があり、
穀類は貯蔵性があるエネルギーとして最も重要である。前述したように、
「日本人の食事摂取基準（2020年版）」では、1日のエネルギーの50〜65％
未満のエネルギー比率を炭水化物（糖質）でとるよう定めている（1歳以上）。
　一般に、①主成分は糖質（でんぷん）で65〜80％、100gあたりのエネル
ギーは330〜370kcalと多い、②たんぱく質含量は6〜12％、③精白度によっ
て、脂質、繊維、ミネラル、ビタミン含量に大きな差があるなどの栄養的な
特徴がある（表2−7）。
　主食である穀類は摂取量が多いため、成分的な欠点も目立ちやすい。ほか
の食品と組み合わせてアミノ酸価を高め、ビタミンB類を補給して上手に利
用したい。

いも類およびその製品

　じゃがいも、さつまいも、さといも、やまのいもなど地下茎にでんぷんを
貯えたいも類は、でんぷんの原料としても利用される。
　①主成分は穀類と同じ糖質（主にでんぷん）であるが、糖質量は13〜31％
前後で、100gあたりのエネルギーは60〜130kcalと低い、②食物繊維やビタ
ミンCが豊富に含まれるなどの栄養的な特徴がある（表2−7）。
　主食に近い①の特徴と、野菜に近い②の特徴をあわせもつ、いも類は、肥
満や生活習慣病防止のために利用したい食品である。離乳初期には、じゃが
いものほうが繊維の多いさつまいもより適している。

砂糖、甘味類および菓子類

　砂糖、はちみつ、果物などの天然素材のほかに、分解・合成してつくられ
た多くの甘味類がある。でんぷんを酵素処理して得られるでんぷん糖には、
水飴、オリゴ糖、ブドウ糖、異性化糖などがあり、菓子、飲み物、加工食品
に広く利用されている（表2−7）。
　オリゴ糖や糖アルコールのなかには、ビフィズス菌増殖作用、低う蝕性、

表2－7　エネルギー源となる食品と栄養的特徴

<table>
<tr><th colspan="2"></th><th>主な食品（原料⇒調理加工品）</th><th>栄養的な特徴</th></tr>
<tr>
<td rowspan="3">穀類</td><td></td>
<td>米：精白米、七分つき米、上新粉、もち米、白玉粉
⇒ご飯、かゆ、おもゆ、もち、赤飯、和菓子、せんべい</td>
<td>＊米の主成分はでんぷん（約75％）。たんぱく質のアミノ酸価は約61で、制限アミノ酸*16はリジン。精白米は、ビタミンB₁、B₂が不足しやすい。</td>
</tr>
<tr>
<td></td>
<td>小麦・小麦粉
⇒パン、うどん、スパゲティ、クッキー、ケーキ、麩</td>
<td>＊小麦の主成分はでんぷん（70～75％）。たんぱく質を8～13％含有。制限アミノ酸はリジンで、アミノ酸価は約40と低い。</td>
</tr>
<tr>
<td></td>
<td>そば、大麦、燕麦
⇒オートミール（燕麦）
とうもろこし
⇒ポップコーン、コーンフレーク</td>
<td>＊そば、大麦、燕麦は食物繊維、ビタミンが多い。
＊オートミールやコーンフレークは消化がよく、乳児にも与えられる。</td>
</tr>
<tr>
<td rowspan="1">いも類およびでんぷん</td><td></td>
<td>じゃがいも
⇒粉ふきいも、ポテトサラダ、ポテトチップ、片栗粉

さつまいも
⇒スイートポテト、大学いも

さといも、やまのいも

⇒くず粉、コーンスターチ</td>
<td>＊いも類の主成分はでんぷん。セルロース、ペクチンなどの繊維質を含む。
＊ビタミンCは熱に安定で、調理での残存率が高い。黄色味の強いさつまいもはカロテン（ビタミンA）の給源となる。
＊やまのいもはでんぷん分解酵素を含み生食できる。
＊糊化でんぷん*17は口当たりをなめらかにし、飲み込みやすくする。</td>
</tr>
<tr>
<td rowspan="1">砂糖・菓子類</td><td></td>
<td>砂糖、でんぷん糖、はちみつ
⇒砂糖菓子、加糖飲料、シロップ、和菓子、洋菓子、ジャム

その他
⇒脱脂粉乳、調製粉乳、加糖練乳、果物（乾果、生果）</td>
<td>＊砂糖菓子、ジャムには砂糖（ショ糖）が50％前後含まれる。
＊でんぷん糖（水飴）にはデキストリンが、はちみつには転化糖*18が含まれる。
＊乳製品には乳糖が、乾燥果実にはショ糖、果糖、ブドウ糖が含まれる。</td>
</tr>
<tr>
<td rowspan="1">油脂類</td><td></td>
<td>植物性油脂
⇒大豆油、コーン油、ごま油、オリーブ油、サラダ油、天ぷら油、マーガリン、ショートニング、マヨネーズ、ドレッシング

動物性油脂
⇒バター（乳脂）、アイスクリーム、クッキー、ラード（豚脂）、ヘット（牛脂）、ベーコン

⇒魚油

種実類：アーモンド、くるみ、落花生、ごま、ココナッツ</td>
<td>＊植物油にはリノール酸、リノレン酸などの不飽和脂肪酸（必須脂肪酸）、ビタミンEが豊富に含まれる。
＊獣肉の動物脂は飽和脂肪酸が多く、コレステロール含量も高い。
＊低級飽和脂肪酸が多いバターは消化されやすく、ビタミンA含量も高い。
＊魚油は多価不飽和脂肪酸（EPA、DHA）を含み、液状である。
＊種実類には脂質が50％以上、たんぱく質が20％以上含まれ、鉄、カルシウム、ビタミンB₁、B₂、Eも豊富である。</td>
</tr>
</table>

*16　制限アミノ酸
たんぱく質を構成する必須アミノ酸の最適量比に対して、あるアミノ酸が少ないと、たんぱく質の利用度が低くなる。この少ないアミノ酸によって、利用度が制限される意味でこれを制限アミノ酸という。

*17　糊化でんぷん
でんぷんを消化しやすい構造（糊化）にして乾燥させたものをいう。

*18　転化糖
砂糖の主成分であるショ糖（スクロース）を加水分解して生じたグルコースとフルクトースの混合糖をいう。

難消化性のものもあるので、目的によって使い分けるとよい。脱脂粉乳、調製粉乳に50%以上含まれる乳糖は、甘味度がショ糖の約4分の1と低く、乳児にとって大切なエネルギー源である。

油脂類、種実類およびその製品

分離精製された各種の食用油脂があり、食すると満足感が得られるが1gあたり9kcalと高カロリーなので使用量には注意する。

①植物性の精製油、ラード（豚脂）、ヘット（牛脂）は脂質含量が100%（100gあたり900kcal）で、バター、マーガリン、獣肉脂身は約80%（100gあたり約700kcal）、種実は50〜70%が含まれ、きわめて高カロリーである、②ビタミンA、Eが多いなどの栄養的な特徴がある（表2−7）。

植物油、獣脂、乳脂、魚油では構成成分である脂肪酸の種類が異なり、体内での生理機能や消化性が大きく違うので注意して与えたい。

(2) たんぱく質源となる食品に含まれる栄養素とその特徴

獣鳥肉類およびその製品

豚肉、牛肉、鶏肉、羊肉、馬肉などの動物の筋肉が、主に食用とされる。一般に、①たんぱく質含量は18〜22%、②脂質含量は3〜30%で、100gあたりのエネルギーも120〜400kcalと差がある、③ビタミンB_1、B_2、鉄が多いなどの栄養的な特徴がある（表2−8）。

鶏肉やレバーはやわらかく、小児に向く。ハムやソーセージは塩分や食品添加物の含有量が多いので、利用時にゆでて塩と添加物を減らすなどの注意が必要であろう。レバーはレチノール含量が多いので、使用量に注意する[19]。

*19
レバーの摂取については、本節(4)（p.55）を参照。

魚介類およびその製品

水産動物の総称で、魚類（白身、赤身）、貝類、軟体類、甲殻類などがある。たんぱく質含量は15〜22%で、筋繊維がやわらかく消化しやすい。小児にとって望ましいたんぱく源であり、特に白身魚は離乳初期から利用できる。脂質含量は魚の種類により異なり、5%以下と少ないものも多い。さんま、ぶり、まぐろ、うなぎ、さばなどの脂質含量は10〜20%と多いが、エイコサペンタエン酸（EPA）、ドコサヘキサエン酸（DHA）の給源として重要である（表2−8）。

乳類およびその製品

たんぱく質、脂質、糖質、ミネラル、ビタミンを総合的にバランスよく含み、特にカルシウムが多い（表2−8）。

栄養バランスがよく消化吸収されやすいので、乳幼児に適した食品である。

牛乳は水分を88％含むので、脱水加工した粉乳やチーズを利用するほうが栄養成分の摂取効率はよい。

卵類およびその製品

　糖質、ビタミンC以外のほとんどの成分を含み、たんぱく質、脂質の消化もよい（表2－8）。しかし、サルモネラなどの細菌性食中毒やアレルギーが強いので、乳児には生卵、半熟卵を避け十分加熱し、卵黄より食べさせる。

豆類およびその製品

　豆類には、たんぱく質と脂質に富む大豆、糖質に富むあずき、えんどう、インゲン豆などがある。

表2－8　たんぱく質源となる食品と栄養的特徴

	主な食品（原料⇒調理加工品）	栄養的な特徴
獣鳥肉類	豚肉、牛肉、羊肉（ラム、マトン） ⇒ハム、ソーセージ、ベーコン、サラミ、コンビーフ、ジャーキー 内臓 ⇒レバーペースト とり肉（鶏、うずら） ⇒焼鳥、フライドチキン	＊肉類の主成分は良質なたんぱく質（アミノ酸価100、消化率90％以上）。脂質含量はもも肉、ロース肉、バラ肉の順で高くなる。 ＊豚肉はビタミンB_1が特に多い。レバー（肝臓）はビタミンA、B_1、B_2、鉄の宝庫である。 ＊鶏肉は脂質が少なく、やわらかくて消化がよい。 ＊ハムやソーセージは脂質含量が高く、肉より消化が劣る。
魚介類	白身魚：たい、ひらめ、かれい、たら、あじ、きす、鮭 赤身魚：まぐろ、鮭、かつお、さんま、いわし、さば ⇒かまぼこ、はんぺん、佃煮 あさり、しじみ、かき、ほたて、いか、たこ、えび、かに	＊主成分は良質なたんぱく質（アミノ酸価80～100）。消化されやすく、アレルゲンになりにくい。 ＊脂質含量は赤身魚で高く、白身魚は低い。また、旬の時期に増加する。EPA、DHAなどの多価不飽和脂肪酸を含む。 ＊ビタミンDが多い。小魚はカルシウム、赤身魚は鉄が多い。
乳類	牛乳、乳製品 ⇒調製粉乳、ヨーグルト、チーズ、プリン、生クリーム、アイスクリーム、グラタン	＊たんぱく質は良質で、消化吸収されやすい。 ＊チーズは牛乳の約6倍、脱脂粉乳は約10倍のカルシウムを含む。 ＊生クリーム、チーズは高脂肪食品である。
卵類	鶏卵、うずら卵 ⇒ゆで卵、オムレツ、卵豆腐、茶碗蒸し、プリン、ケーキ、マヨネーズ	＊たんぱく質は良質（アミノ酸価100）。 ＊卵黄は脂質、ビタミンA、B_1、B_2、鉄が豊富である。脂質は乳化されており消化しやすい。
豆類	大豆、大豆製品 ⇒五目豆、納豆、きな粉、豆腐、油揚げ、ゆば、豆乳、みそ あずき、インゲン豆、金時豆、えんどう、ささげ ⇒赤飯、煮豆、あん	＊たんぱく質は良質（アミノ酸価70～100）だが、粒状では消化しにくい。 ＊大豆はたんぱく質、脂質含量が高く、必須脂肪酸（リノール酸）を含む。 ＊あずきやえんどうは糖質（でんぷん）含量が高い。 ＊食物繊維、ビタミンB_1、B_2が多い。

(3)　ミネラル・ビタミン源となる食品とその栄養的特徴

野菜類およびその製品

　野菜は一般に、食物繊維、ミネラル、ビタミンCが多い（表2－9）。成分組成や色の違いから、野菜類を緑黄色野菜と淡色野菜に分け、さらに緑黄色野菜のなかでカロテン含量が高いものを、有色野菜として区別している。トマト、ピーマン、ししとうがらし、グリーンアスパラガス、オクラ、さやいんげんなどは、カロテン含量が基準値（600μg）以下なので、有色野菜には入らないが、摂取頻度を考慮して、有色野菜に劣らない緑黄色野菜として扱っている。

　乳児には、繊維がやわらかく、すりつぶしやすく、あくの少ないかぼちゃ、にんじん、トマトなどから使うとよい。

果実類およびその製品

　香り、色、甘味と酸味が食欲をそそり、好まれる食品である。栄養的には、①ショ糖、ブドウ糖、果糖などを10%前後含み、野菜に比べてカロリーは若干高い、②食物繊維、ビタミンC含量が高く、一部カロテンを含むものがあ

表2－9　ミネラル・ビタミン源となる食品と栄養的特徴

	主な食品（原料⇒調理加工品）	栄養的な特徴
野菜類	緑黄色野菜：かぼちゃ、ほうれん草、にんじん、小松菜、モロヘイヤ、パセリ、大根葉 淡色野菜：大根、キャベツ、白菜、レタス、玉ねぎ、カリフラワー、なす、きゅうり ⇒冷凍野菜、漬物、乾燥野菜、野菜スープ、青汁	＊野菜は水分が90%以上。 ＊セルロース、ペクチンなどの食物繊維を含む。 ＊ビタミンCが多い。緑黄色野菜にはカロテン（ビタミンA）が多い。 ＊カリウム、カルシウム、マグネシウムが多い。ほうれん草、小松菜、大根葉は鉄が多い。
果実類	いちご、みかん、柿、オレンジ、バナナ、ぶどう、りんご、なし、もも、すいか、メロン ⇒果汁、シロップ漬、ジャム、ゼリー	＊80%以上が水分。バナナ、柿、パイナップル、ぶどうは糖質が多い。 ＊ペクチン（食物繊維）を含む。 ＊ビタミンCが多い。果肉が橙色のマンゴー、パッションフルーツ、あんず、びわ、柿、みかん、オレンジにはカロテンが含まれる。
藻類	わかめ、こんぶ、のり、ひじき ⇒寒天、味つけのり、干しのり、のり佃煮、ふりかけ、増粘多糖類	＊アルギン酸、アガロースなどの食物繊維が多い。 ＊カルシウム、鉄、ヨウ素、銅、亜鉛などのミネラルが多い。 ＊のり類にはカロテンが多く、ビタミンA効力がある。
きのこ類	しいたけ、しめじ、まいたけ、まつたけ、マッシュルーム、きくらげ、なめこ、えのきたけ ⇒干ししいたけ、味付け瓶詰、佃煮、水煮	＊食物繊維が多く、ノンカロリー食品である。 ＊ビタミンB類が多く、干ししいたけにはビタミンDが多い。

る（表2-9）。

藻類・きのこ類およびその製品

藻類、きのこ類とも食物繊維（難消化性の多糖類）が多く、整腸作用がある。がん予防などの薬理効果も知られるようになった（表2-9）。

(4) ミネラル・ビタミンの多い食品と摂取量

カルシウム（Ca）の多い食品と摂取量

骨ごと食べられる小魚（わかさぎ、しらす干しなど）、牛乳と乳製品（脱脂粉乳、ヨーグルト、チーズなど）、海藻（ひじきなど）、青菜（小松菜など）、大豆製品（豆腐など）が、広くカルシウムの給源になっている（図2-5）。

これらのうち、乳類のカルシウムは吸収されやすく、利用効率が高い。リンとの構成比が望ましい場合（Ca：Pが1：1～1：2の場合）やビタミンDが存在する場合には、カルシウム吸収効率が上がる。ほうれん草に含まれるシュウ酸は、逆にカルシウムの吸収を阻害する。

鉄（Fe）の多い食品と摂取量

レバーおよび内臓ごと食べられる貝と小魚（あさり、しじみ、かき、いわし、あゆなど）、赤身魚（かつおなど）、海藻・緑黄色野菜（ひじき、のり、ほうれん草など）、卵黄、ごま、豆製品（豆腐、納豆など）などが、広く鉄の給源になっている（図2-6）。

それらのうち、獣魚介肉中のヘム鉄[20]は吸収されやすいが、植物性食品

*20 ヘム鉄
動物性食品に含まれている。吸収利用されやすい2価鉄錯塩を含む。

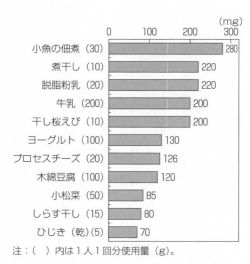

(mg)

小魚の佃煮（30）	280
煮干し（10）	220
脱脂粉乳（20）	220
牛乳（200）	200
干し桜えび（10）	200
ヨーグルト（100）	130
プロセスチーズ（20）	126
木綿豆腐（100）	120
小松菜（50）	85
しらす干し（15）	80
ひじき（乾）（5）	70

注：（ ）内は1人1回分使用量（g）。

図2-5　カルシウムの多い食品と摂取量
　　　　（使用量あたり）

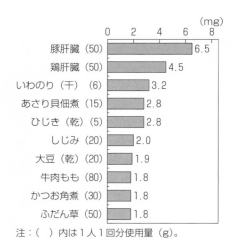

(mg)

豚肝臓（50）	6.5
鶏肝臓（50）	4.5
いわのり（干）（6）	3.2
あさり貝佃煮（15）	2.8
ひじき（乾）（5）	2.8
しじみ（20）	2.0
大豆（乾）（20）	1.9
牛肉もも（80）	1.8
かつお角煮（30）	1.8
ふだん草（50）	1.8

注：（ ）内は1人1回分使用量（g）。

図2-6　鉄の多い食品と摂取量
　　　　（使用量あたり）

などの非ヘム鉄は吸収されにくいので、利用効率が劣る。

ビタミンAの多い食品

　レバー、うなぎ、卵黄などの動物性食品、マーガリン、バターなどの油脂食品、有色野菜とよばれる植物性食品が、主なビタミンAの給源である。獣鳥肉の内臓は、ビタミンAを効率よく摂取できる食品であるが、コレステロール値を上げる恐れがあるので食べすぎには注意する必要がある。特にレバーの摂取量には注意をする。

　ビタミンA（レチノール）は、野菜、果実、いも、海藻中ではβカロテン（プロビタミンA）として存在する。緑黄色野菜のなかでも、とりわけカロテン含量が多く、100gあたり600μg以上含むものを有色野菜という。

　ビタミンAは、調理加工時の損失が少なく、油とともに摂取すると吸収効率がさらに高くなる。

ビタミンDの多い食品

　魚肝、レバーなどの内臓に特に多いほか、魚肉全般に広く含まれている。干ししいたけなどのきのこ類のなかではエルゴステロール（紫外線を浴びるとビタミンDに変わる前駆物質）の形で存在する。

ビタミンB₁の多い食品と摂取量

　豚肉とその加工品（ハム、ベーコンなど）、精白度の低い穀類（玄米、胚芽米、ライ麦、そばなど）、うなぎ、豆類などに広く含まれる（図2－7）。

　ビタミンB_1は糖質代謝に欠かせない成分なので、糖質の摂取量に応じて増やす必要があるが、白米、白パン、インスタント麺、スナック菓子、甘味飲料の多用による糖質代謝にビタミンB_1の供給が追いつかず、欠乏することが少なくない。激しい運動によってもビタミンB_1の消費が高まるので、注意が必要である。

ビタミンCの多い食品と摂取量

　野菜、果物に多く、いも類、緑茶なども給源となる。緑黄色野菜に100g中の含有量がとびぬけて多いものもあるが、果物や淡色野菜のほうが食べる量が多いので、ビタミンCの摂取量は多くなる（図2－8）。

　ビタミンCは水に溶けやすく、酸化されやすく、熱に弱いので、調理での損失は50％と大きい。

食物繊維の多い食品と摂取量

　食物繊維を多く含む食品を図2－9にまとめて示した。先の食物繊維の項目で説明したように、食物繊維にはセルロースのような繊維状のもの、ペクチン、マンナン、アルギン酸のような水溶性のものがあり、野菜類、果実類、海藻類、きのこ類、豆類がその給源である。

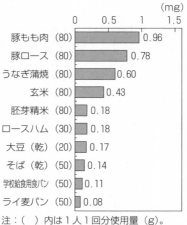

注：（ ）内は1人1回分使用量（g）。

図2-7　ビタミンB₁の多い食品と
　　　　摂取量（使用量あたり）

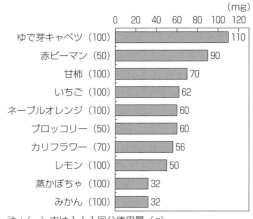

注：（ ）内は1人1回分使用量（g）。

図2-8　ビタミンCの多い食品と摂取量（使用
　　　　量あたり）

　一般に、和風献立、和風素材のほう
が食物繊維が多い。食物繊維が多くと
れる外食メニューは、すきやき定食、
山菜そば、和風弁当、焼き魚定食であ
る。

　食物繊維には、排便の促進やコレス
テロールの低下などの作用があるので、
「日本人の食事摂取基準（2020年版）」
には、6～7歳児は1日に10g以上、
10～11歳児は13g以上、15～17歳児は
18～19g以上摂取するように定められ
ている。

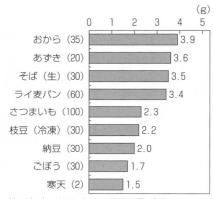

注：（ ）内は1人1回分使用量（g）。

図2-9　食物繊維の多い食品と摂取量
　　　　（使用量あたり）

<hr>

5　バランスのよい食事の実践

　何をどれだけ食べたら必要な栄養を満たせるのかということは、献立を考
え、調理するうえで欠かせない知識である。2015（平成27）年10月に実施さ
れた「食育に関する意識調査」の「今後の食生活で特に力を入れたい食育の
内容」において、調査対象者の62.8％が「栄養バランスのとれた食生活を実
施したい」と回答している。「栄養バランスのとれた食生活」は食育のなか
でも関心度が高く、適切な食品選択や食事の準備のためにも「日本人の食事

摂取基準」「食事バランスガイド」などの理解は不可欠であり、食育にとっても必要な知識である。

(1) 「日本人の食事摂取基準」の理解と活用

「日本人の食事摂取基準（2020年版）」とは

「日本人の食事摂取基準（2020年版）」（以下、「食事摂取基準」ともいう）は、国民の健康の保持・増進、生活習慣病の予防のために望ましいとされるエネルギーおよび栄養素の摂取量の基準を示すものである。これまで社会状況の変化を反映しながら5年ごとに改定がなされてきた。2020年版の改定では、栄養に関連した身体・代謝機能の低下を回避する観点から、健康の保持・増進、生活習慣病の発症予防と重症化予防に加え、高齢者の低栄養予防やフレイル予防[*21]を図ることが基本的方向として掲げられている。

食事摂取基準では、エネルギーおよび栄養素について、性別、年齢階層別、身体活動レベル別、妊婦・授乳婦別に、1日あたりの摂取基準量が示されている。

対象は健康な個人および集団としており、生活習慣病に関する危険因子、高齢者においてはフレイルに関する危険因子を有したりしていても、おおむね自立した日常生活を営んでいる者は含まれる。具体的には、歩行や家事などの身体活動を行っている者であり、体格（BMI：body mass index）が標準より著しく外れていない者である。

年齢区分

1〜17歳を小児、18歳以上を成人とする。高齢者は、65〜74歳と75歳以上の2つの区分とする。乳児は、「0〜5か月」と「6〜11か月」の2つに区分する。特に成長に合わせてより詳細な設定が必要と考えられる場合には、「0〜5か月」および「6〜8か月」「9〜11か月」の3区分とする。

エネルギーの指標

エネルギーの摂取量および消費量のバランス（エネルギー収支バランス）の維持を示す指標として、体格指数（BMI）が採用されている。エネルギー収支の結果は、体重の変化やBMIとして現れることから、これらを把握することで、エネルギー収支の概要を知ることができる。成人において総死亡率が最も低かったBMIの範囲と日本人のBMIの実態などを総合的に検証し、成人期を4つの区分に分け、目標とするBMIの範囲を示している。健康を維持し、生活習慣病の発症予防を行うための1つの要素としてBMIを扱うようにする。特に65歳以上では、疾病予防とともに、低栄養・フレイルを回避する

*21 フレイル
フレイルについて、現在のところ統一された概念は存在しない。食事摂取基準においては、健常状態と要介護状態の中間的な段階に位置づける考え方を採用している。

ことが重要であるが、さまざまな要因がその背景に存在することから、個人の特性を十分にふまえた対応が望まれる。

栄養素の指標

栄養素の指標は、摂取不足の回避、過剰摂取による健康障害の回避、生活習慣病の予防という3つの目的からなる5つの指標（推定平均必要量、推奨量、目安量、耐容上限量、目標量）で構成されている（表2−10）。

2020年版の改定にあたり、高血圧予防の観点からナトリウム（食塩相当量）の目標量は、2015年版より男女とも値を低めに変更された。18歳以上男性は1日7.5g未満に、18歳以上女性は1日6.5g未満となった。

子どもの食事摂取基準

乳児期の食事摂取基準は、健康な乳児の栄養状態にとって望ましいものであるという観点から、栄養素については目安量で策定されている。また、小児期からの生活習慣病予防のため、1歳からのたんぱく質、脂質、炭水化物とナトリウム（食塩相当量）、3歳からの食物繊維とカリウムについて、目標量が設定されている。

① たんぱく質

たんぱく質の必要量は、体重維持を目標として窒素出納法[*22]で決められているが、小児の場合は成長による体重増加を参考に加算されている。乳児の年齢区分は、0〜5か月、6〜8か月、9〜11か月の3区分となっている。

② 脂質

脂質摂取基準の算定は、エネルギー源摂取比率で20〜30％の範囲で示されている。脂肪を構成する脂肪酸のうち、生活習慣病の予防や小児の成長に必

*22　窒素出納法
窒素の出納を算出し、評価する方法。体内の窒素は、ほとんどがたんぱく質に由来していることから、窒素の摂取量と排出量との差を測定することにより、たんぱく質の蓄積や損失を見積もる。

表2−10　栄養素の指標の概要

目的	指標	内容
摂取不足の回避	推定平均必要量（EAR）	半数の人が必要量を満たすと推定される摂取量
	推奨量（RDA）	ほとんどの人が充足している量
	目安量（AI）	一定の栄養状態を維持するのに十分な量。これ以上を摂取している場合は不足のリスクはほとんどない
過剰摂取による健康障害の回避	耐容上限量（UL）	健康障害をもたらすリスクがないとみなされる習慣的な摂取量の上限量。これを超えて摂取すると、過剰摂取によって生じる潜在的な健康障害のリスクが高まる
生活習慣病の予防	目標量（DG）	生活習慣病の予防のために現在の日本人が当面の目標とすべき摂取量

資料：厚生労働省「日本人の食事摂取基準（2020年版）」

要な成分として必須脂肪酸を含む脂肪酸（n-6系脂肪酸、n-3系脂肪酸）の目安量が示されている。小児期の研究例が少ないが、幼児はおおむね成人の半分程度必要であるとしている。

③ 脂溶性ビタミン

ビタミンAは、レチノール量を基準に決められている。カロテンを含まないビタミンAには、妊娠期では胎児奇形、乳児の頭蓋内圧亢進など過剰症の報告があるので耐容上限量が決められている。ビタミンDの乳児の欠乏症は日本でも報告されている。母乳のビタミンD欠乏や日照時間の少ない乳児の欠乏症がみられるとして、日本小児内分泌学会では乳児期の時間制限つき日光浴をすすめている。ビタミンKは授乳期の付加量はないが、胎盤を通りにくいことや母乳に少ないことから、出生後すぐに3回に分けてビタミンK₂シロップを経口投与することが推奨されている。

④ 水溶性ビタミン

ビタミンB群は、エネルギー摂取量の増加に合わせて摂取基準が増やされている。ビタミンB群の推定平均必要量は、ビタミンB群諸欠乏症予防からではなく、尿中排泄量が増加しはじめる摂取量（飽和摂取量）から算出される。たんぱく質代謝に必要なビタミンB₆やナイアシン、葉酸は成長期に不足しがちであるが、過剰症のリスクがあるため耐容上限量が決められている。成長期の食品以外からの摂取には注意が必要である。

⑤ ミネラル

成人のカルシウム推定平均必要量は体内平衡維持量を基準に決められており、成長期には、骨量増加に伴い必要量が増加する。特に思春期からはカルシウム蓄積量が最も増加する時期であるため、カルシウムの必要量が他年代に比べて高い基準となっている。牛乳給食のない日の摂取量が少ないことも報告されていて、日常的なカルシウム含有食品の摂取を積極的に心がける必要がある。鉄については、乳幼児は体内鉄の貯蔵量を、思春期以降の女子は月経による損失を考慮して必要量が決められている。

⑥ 水

参考項目として水の必要量について説明がある。ドイツ、アメリカ、カナダでは目安量を決めている。日本人対象の科学的根拠が乏しいため策定はできないが、生活習慣病発症予防および重症化予防のために十分量の水分の習慣的摂取が健康維持に好ましい。水分出納法と代謝回転速度を測定する方法から、成人1日あたり2.3～3.5ℓ/日程度の出納量と推定されている。

食事摂取基準の活用

　食事摂取基準を活用する場合は、PDCAサイクルに基づく活用を基本とする。特に活用においては、食事摂取状況のアセスメント*23に基づき評価を行うこととする。アセスメントは、食事調査によって得られた摂取量と各指標で示されている値を比較することで行う。エネルギー摂取量の過不足は、成人の場合はBMIまたは体重変化量を用いて評価するが、乳幼児では測定した体重・身長を成長曲線（身体発育曲線）にあてはめ評価する。

　乳児の推定エネルギー必要量とたんぱく質は、寝返りやハイハイがはじまるなどにより運動量が増えていくため、0〜5か月、6〜8か月、9〜11か月の3区分とし、必要なエネルギーやたんぱく質を増やしている。ただし、乳幼児期にたんぱく質摂取量が多すぎると、将来、肥満・生活習慣病になりやすいと報告があることから、乳幼児期のたんぱく質のとり過ぎには注意が必要である。

*23　アセスメント
利用者に関する情報を収集・分析し、事前に予測・評価を行うことをいう。

(2)　望ましい献立・調理の基本

献立を考える

　多数の食品のなかから数種類を選び、分量を決定し、料理をつくる食事計画を献立という。食事摂取基準を満たし、栄養バランスのよい献立を作成するためには、食品群*24を参考に食材を選んだり、食品構成表*25を参考に食材の使用量を決めたり、食事バランスガイド*26を参考に料理を選ぶとよい。このとき、食材の種類や調理法が重ならないように工夫する。日本の食事において料理の組み合わせは「一汁三菜」が基本で、主食・主菜・副菜・副々菜と汁物で構成される。

　味つけは甘味、塩味、酸味などを組み合わせ、薄味、だしを効かせた味などメリハリをつけると満足感が得られる。さらに和風、洋風、中華風などを組み合わせていくとバリエーションは増えていく。

　喜ばれる食卓を実現するためには、旬の食材を使用し季節感を表したり、色合いや盛り付けなど見た目の美しさ、適温、食べる人の状態にあわせて食べやすさを追求するなど、献立の組み合わせ以外にも配慮が必要である。正月のおせち料理やひな祭りのちらしずしなど「行事食」を取り入れると日常の食卓とは違った演出ができる。なお、予算、調理時間、調理器具やコンロなど設備の数、調理技術の有無など限られたなかで調理を行うことを忘れてはならない。

*24　食品群
食品群については、次の(3) (p.62) を参照。

*25　食品構成表
栄養成分の類似した食品群ごとの使用目安量を具体的に示したものをいう。各食品群から適量の食品を選択して組み合わせ献立作成に活用する。同じ食品群内であれば、ある食品を別の食品に置き換えて使用してもよい。たとえば、牛乳の一部または全部をヨーグルトなどの乳製品に置き換えるなどがある。

*26　食事バランスガイド
食事バランスガイドについては、本節(4)（p.64）を参照。

●基本の献立作成手順
① 主食を決める
　主食とはご飯、パン、めん類のことである。
② 主菜を決める
　魚、肉、卵、大豆製品のうちから1食品を選び、それをど
のように調理するか決める。
③ 副菜を決める
　野菜、きのこ、いも、海藻などを使用し、主菜の調理法と
は違う調理法を選ぶ。魚や肉などたんぱく質の食品をいっ
しょに用いてもよいが、野菜等の割合を高くする。
④ 汁物を決める
　水分をとるためや嚥下を促すためにも汁物はあったほうが
よい。主菜や副菜と食材が重ならないようにする。

調理法

　調理法には、加熱調理（煮る、焼く、蒸す、揚げるなど）と、非加熱調理
（生食）がある（表2−11）。

　加熱調理には、①安全性の向上（殺菌、有害物質の分解、あく抜きなど）、
②食品の組織や成分の変化（組織の軟化、でんぷんの糊化、たんぱく質の熱

表2−11　調理法とその特徴、料理例

調理法	特徴と料理例
ゆでる	湯のなかで食品を加熱する。食品の軟化、あく抜き、でんぷんの糊化などの目的で行う。調理の下処理として行うことも多い。 （例）おひたし、温野菜、ゆで卵、パスタ、白玉だんご　など
煮る	食品を水やだしで加熱し、調味する。肉や魚、野菜などの食材を組み合わせて料理することも多い。 （例）肉じゃが、魚の煮付け、カレー、おでん、ジャム　など
蒸す	水蒸気の熱で食品を加熱する。蒸し器内に蒸気を満たした後、食品を入れる。 （例）赤飯、ふかしいも、蒸し鶏、中華まん、プディング　など
焼く	食品を直接熱源にかざす直火焼きと、フライパンなどを使用して焼く間接焼きがある。香ばしさや焦げた風味が加わる。 （例）魚の塩焼き、目玉焼き、ムニエル、ホットケーキ　など
炒める	高温に加熱した少量の油脂とともに食品を加熱する。均一に熱が伝わるように混ぜながら加熱する。短時間で終えるのがよい。 （例）野菜炒め、スクランブルエッグ、チャーハン　など
揚げる	高温に加熱した多量の油脂のなかで食品を加熱する。揚げ温度を一定に保ち、鍋に食品を一度にたくさん入れすぎないこと。 （例）から揚げ、てんぷら、フライ、素揚げ　など
生食	調理操作としては、切る、すりおろす、しぼるなどがある。素材そのものの持ち味を生かす。 （例）刺身、サラダ、大根おろし、サンドイッチ　など

変性、脂肪の溶解など）、③栄養価値、消化吸収率の増加、④食味や食感の向上などの利点があるが、熱に弱いビタミンや水溶性ビタミンは損失が大きいという欠点がある。

　反対に非加熱調理には、①食品そのものの持ち味を生かせる（食感、風味、色など）、②加熱による栄養素の損失がないなどの利点があるが、衛生面で不安が大きい。

(3)　食品群の種類と特徴

食品群とは

　健康の保持・促進のためには、体に必要な栄養素を食品からとる必要がある。五大栄養素といわれるたんぱく質、脂質、糖質、ミネラル、ビタミンなどの栄養素はそれぞれ個々に作用するものではなく、互いに影響し合いながら、それぞれの役目を果しており、そのため各栄養素は常に過不足なくとらなければならない。しかし、そうしたすべての栄養素を完全に含む食品は存在しないので、必要とされる栄養素をとるためには、さまざまな食品をバランスよく組み合わせた食事が大切となる。どのような食品をどのように組み合わせて食べたらよいかを栄養素の役割や特徴をもとにわかりやすくグループ分けしたものが「食品群」である。食品群にはいくつかの種類があるが、3群、4群、6群に分ける方法がよく知られている。

食品群の種類と特徴

①　3色食品群

　栄養素の働きの特徴から、食品を赤・黄・緑の3色に分類する方法で、目で見てわかりやすいため、子どもの食育や学校給食の献立表などにも利用されている（表2－12）。

②　4つの食品群（女子栄養大学方式）

　栄養素が似たもの同士の食品を4つのグループにまとめ、「なにを、どれだけ食べるか」がわかるように1日に必要な食品の分量が点数で示されてい

表2－12　3色食品群による分類

群	栄養的特徴	食品の種類
赤	たんぱく質やミネラルを含み、血液や体の筋肉・歯や骨などのもとになる。	肉、魚、卵、牛乳・乳製品、豆、海藻など。
黄	炭水化物や脂肪を含み、力や体温などのエネルギー源となる。	米、パン、めん類、いも類、油脂、砂糖など。
緑	ビタミンやミネラルを含み、体の調子を整える。	野菜、果物、きのこ類など。

表2−13　4つの食品群による分類と1日20点（1600kcal）の基本パターン

群	栄養的特徴	食品の種類	1日20点（1600kcal）の基本パターン
第1群	栄養を完全にする	牛乳・乳製品、卵	乳・乳製品…2点、卵…1点
第2群	肉や血を作る	魚介、肉、豆・豆製品	魚介・肉…2点、豆・豆製品…1点
第3群	体の調子をよくする	野菜、芋、果物	野菜（緑黄色野菜・淡色野菜・きのこ・海藻を含む）…1点、芋…1点、果物…1点
第4群	力や体温となる	穀類、油脂、砂糖、その他※	穀類…9点、油脂…1.5点、砂糖…0.5点

※菓子、嗜好飲料、種実、調味料などもエネルギー源であることから、第4群に含まれる。アルコールにはストレス解消効果があるが、栄養としてはエネルギー源になる。また、菓子に含まれる砂糖や油脂のとり過ぎは、肥満や糖尿病などさまざまな生活習慣病の原因となる。

る（表2−13）。1点は80kcalであり、食品によって1点あたりの重量が異なる。どの食品が何グラムで何点になるか把握しておくと、どれくらいのエネルギーをとったのかを確認できる[27]。

　日本人に不足しがちな栄養素を含み、栄養バランスがよい食品として牛乳、乳製品、卵を第1群としているのが特徴である。

③　6つの基礎食品群

　国民の栄養知識の向上を図るための栄養教育の教材として考案されたもので、栄養素の役割や特徴の類似している食品を6つに分類し、それらを組み合わせて食べることで、栄養バランスがとれるようにわかりやすく示されている（図2−10）。

*27　女子栄養大学方式
1日20点（1,600kcal）のうち、第1群〜第3群から各3点ずつになるように食品を選び、残りの11点を第4群から選ぶ。第1群〜第3群を各3点ずつとることで、たんぱく質、ミネラル、ビタミン、食物繊維など、からだをつくり、代謝を調節するほとんどの栄養素を十分摂取することが可能となる。

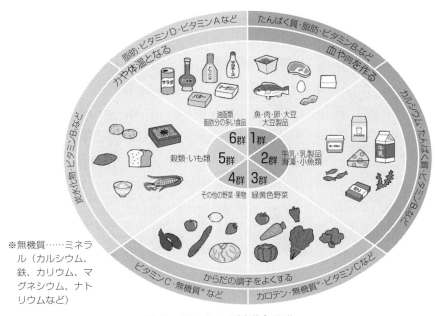

※無機質……ミネラル（カルシウム、鉄、カリウム、マグネシウム、ナトリウムなど）

図2−10　6つの基礎食品群

(4) 「食事バランスガイド」の活用

「食事バランスガイド」とは

*28 食生活指針
国民が日々の食生活の中で実践できる具体的な目標を示したものをいう。2000（平成12）年3月に、文部省（現・文部科学省）、厚生省（現・厚生労働省）および農林水産省が連携して策定し、現状をふまえて2016（平成28）年に一部改正された。

　食事バランスガイドは、「食生活指針」*28を具体的な行動に結びつけるツールとして、1日に「何を」「どれだけ」食べたらよいのかを「料理」の組み合わせでわかりやすく示したもので、2005（平成17）年に厚生労働省と農林水産省が共同で策定した。

　全体像はコマをイメージして描かれ、コマが倒れずに安定する（＝健康な状態を保つ）ためには回転（＝運動）とバランス（＝食事のバランス）の両方が大切であることを表している。コマの軸には、食事のなかで欠かせないお茶や水などの水分を、ヒモには菓子・嗜好飲料を位置づけている（図2－11）。

　栄養や食品に関する専門的な知識がない一般の人にもわかりやすく、実践しやすいことを第一として、料理の数でバランスをとることを促している。

　料理区分は主食、主菜、副菜、牛乳・乳製品、果物の5区分に分けられ、十分な摂取が望まれる順に上から主食、副菜、主菜を示し、牛乳・乳製品と果物は同程度の数として並列してある。どれだけ食べたらよいかは、料理を「つ（サービング：SV）」で数える（表2－14）。

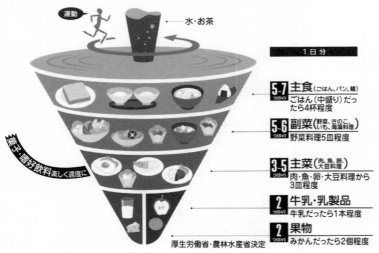

注1：1日に提供されるべき料理の数。
注2：SVとはサービング（食事の提供量の単位）の略で「つ」と読む。

図2－11　食事バランスガイド

資料：厚生労働省・農林水産省「食事バランスガイド」

◆主食、副菜、主菜はそれぞれ1/2弱程度
◆果物は1/2程度
◆主菜として乳製品を使う。
・繊維質のかたいものは控えて。薄味で。
・牛乳を与えるのは1歳以降が望ましい。

図2－12　子どもの栄養バランス
　　　　　と食事量

表2−14　各料理区分における摂取の目安「つ（SV）」

料理区分	目安	注意点
主食（ご飯・パン・めん類）	5〜7つ（SV）	毎食欠かさない。主菜・副菜との組合せで選択する。3食でとれない場合は、間食で不足分を補う。
副菜（野菜・きのこ・いも・海藻料理）	5〜6つ（SV）	日常の食生活のなかで不足しがちである。主菜の倍程度（毎食1〜2つ）を目安に、意識的に十分な摂取を心がける。
主菜（肉・魚・卵・大豆料理）	3〜5つ（SV）	多くならないように注意する。特に油を使った料理は脂質・エネルギーのとり過ぎになる。
牛乳・乳製品	2つ（SV）	毎日コップ1杯の牛乳を目安にし、乳製品も利用するとよい。
果物	2つ（SV）	毎日適量をとるように心がける。

　食事バランスガイドの摂取目安は成人を対象としているが、幼児期の目安として「幼児向け食事バランスガイド」が地方公共団体などより出されている。幼児（3〜5歳）の1日分の量は、主食3〜4つ、副菜4つ、主菜3つ、牛乳・乳製品2〜3つ、果物1〜2つとなっている。好き嫌いをなくし、食事のマナーと健康によい食習慣を身につけるのがねらいである

　5・6か月頃からは離乳食を食べるようになるが、離乳が進むにつれ、離乳食は1日3回になり、乳汁以外からエネルギーや栄養素を摂取するようになる。家族と一緒の食事の機会が増え、家族の食事からの取り分けも容易となってくる。成人の食事量と対比させて子どもの1日の食事量の目安を知り、3回の食事や間食の量を調整することは、望ましい食習慣を身につけていくうえで重要である。

食事バランスガイドの活用

① 　自分の適量を知る

　年齢・性別・活動量から、自分にあったエネルギー量の目安と各料理区分の適量範囲「つ（SV）」を把握する（図2−13）。

② 　食事を確認し、改善につなげる

　1日に食べた料理を「つ（SV）」で数え、適量範囲と比べる。自分の適量を示したコマを用いて各区分の色を塗りコマの形を確認すると、自分の食事の問題点が理解しやすくなる（図2−14）。

　適量範囲におさまっていない料理区分は改善を目指す。1日1日バランスよく食べることは理想であるが、数日間で整えていく姿勢で構わない。定期的に体重・腹囲等の変化を確認し、食事量と活動量のバランスをみることが重要である。

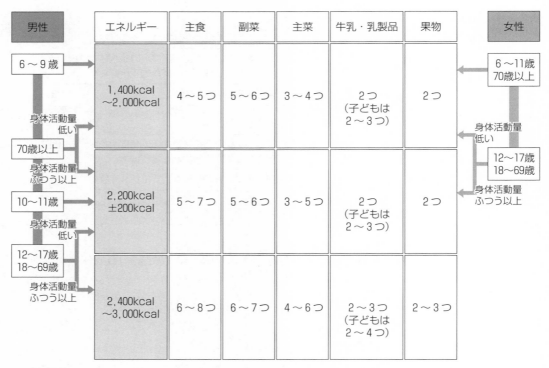

男性	エネルギー	主食	副菜	主菜	牛乳・乳製品	果物	女性
6〜9歳	1,400kcal〜2,000kcal	4〜5つ	5〜6つ	3〜4つ	2つ（子どもは2〜3つ）	2つ	6〜11歳 70歳以上
身体活動量 低い → 70歳以上 身体活動量 ふつう以上 → 10〜11歳	2,200kcal ±200kcal	5〜7つ	5〜6つ	3〜5つ	2つ（子どもは2〜3つ）	2つ	身体活動量 低い 12〜17歳 18〜69歳 身体活動量 ふつう以上
身体活動量 低い → 12〜17歳 18〜69歳 身体活動量 ふつう以上	2,400kcal〜3,000kcal	6〜8つ	6〜7つ	4〜6つ	2〜3つ（子どもは2〜4つ）	2〜3つ	

※身体活動量
「低い」……一日中座っていることがほとんど
「ふつう以上」……「低い」に該当しない人
（さらに強い運動や労働を行っている場合は、より多くのエネルギーが必要となるので、適宜調整が必要である）
※牛乳・乳製品の子ども向けの目安は、成長期にとくに必要なカルシウムを十分にとるためにも、少し幅をもたせた目安にするのが適当である。

図2−13　1日に必要なエネルギーと食事量の目安

資料：厚生労働省・農林水産省「食事バランスガイド」

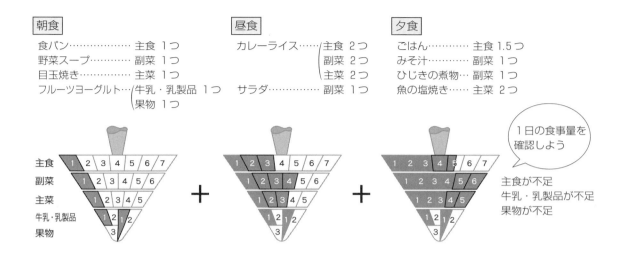

図2−14　食事バランスガイドの活用例

【初出一覧】
■第1節〜第4節　岩田章子「栄養の生理」「食べ物のゆくえ」「栄養素の働き」「小児
期の食べ物―各種食品の栄養的特徴」岩田章子・寺嶋昌代編『新版 子どもの食と栄
養』みらい　2018年　pp.40−63（第2章第2節〜第5節）
■第5節　乾陽子「バランスのよい食事の実践」岩田章子・寺嶋昌代編『新版 子ども
の食と栄養』みらい　2018年　pp.205−216（第10章第1節）

【参考文献】
平山宗宏監修、水野清子・高野陽ほか著『母子健康・栄養ハンドブック』医歯薬出版
　2000年
香川靖雄・野澤義則『図説 医科学［第4版］』南山堂　2001年
中坊幸弘・山本茂編『栄養科学シリーズ 栄養学各論』講談社サイエンティフィク　1999
　年
大関武彦・近藤直美総編集『小児科学［第3版］』医学書院　2008年
Robert K., Peter A.Mayes, Daryl K.Granner, Victor W.Rodwell著、上代淑人監訳『ハー
　パー・生化学』丸善　1993年
木村修一・小林修平翻訳監修『最新栄養学［第7版］』建帛社　1997年
沖中重雄・武藤泰敏編著『消化・吸収』第一出版　1976年
清野佳紀・小林邦彦・原田研介・桃井眞里子編『NEW小児科学［改訂第2版］』南江堂
　2003年

吉川春寿・芦田淳編『総合栄養学事典［第 4 版］』同文書院　1991年
厚生労働省「『日本人の食事摂取基準（2020年版）』策定検討会報告書」2019年
厚生労働省・農林水産省「専門家のための『食事バランスガイド』活用法」2010年
厚生労働省「授乳・離乳の支援ガイド（2019年改定版）」2019年
厚生労働省「保育所における食事の提供ガイドライン」2012年

第3章

子どもの発育・発達と食生活

1 乳児期の授乳・離乳の意義

(1) 乳児期の発育

　乳児期とは誕生から12か月までをいう。この時期は第一次成長期といわれ、身体の発育が最も著しく、体重は１年間で出生時の約３倍、身長も約1.5倍になる。「日本人の食事摂取基準（2020年版）」*¹における参照体位の月齢区分は、「０～５か月」「６～11か月」あるいは「６～８か月」「９～11か月」である。

　発育が盛んな時期のため、エネルギーおよび栄養素も多くを必要とし、新陳代謝も活発である。この時期の栄養不足は心身の成長だけでなく、脳の発達、さらには成人後の健康状態にも影響を及ぼすこともあるとされ、特に配慮が必要である。

*¹
「日本人の食事摂取基準」について、詳しくは、第２章５(1)(p.57)を参照。

(2) 乳児期の栄養

　乳児期の栄養は乳汁と５～６か月以降の離乳食である。乳汁のみでほとんどの栄養をとる生後５～６か月頃までの時期を乳汁期、それ以降の乳汁以外の食物からも栄養をとる時期を離乳期という。食べる機能は乳汁期の乳を吸う（吸啜）から離乳期の離乳食を食べる（咀しゃく、嚥下）へと発達する。

　哺乳量は、食事摂取基準では離乳開始前で１日780ml、６～８か月で１日600ml、９～11か月で１日450mlとなっている。離乳食は摂食機能や消化機能の発達にあわせて、食物の選択、調理形態、食事の量を変化させていくことが必要である。

　乳児期は発育のために多くの栄養素を必要とするにもかかわらず、毎食時に摂取できる量は少なく、その消化・代謝の機能は未熟である。利用効率のよい、バランスのとれた食物摂取が重要である。また、この時期の摂取機能

の発達は個人差が大きいので画一的にならないよう細やかな対応も求められる。精神的発達や食習慣形成においても重要な時期である。楽しみながら食事ができるよう気を配ることも大切である。

(3) 授乳・離乳の支援ガイド

　授乳・離乳については、「授乳・離乳の支援ガイド」（厚生労働省、2019年改定版）が策定されている。これは、妊産婦や子どもにかかわる保健医療従事者向けに、所属する施設や専門領域が異なっても、基本的事項を共有化し、支援を進めていくことができるよう授乳・離乳の目安を示したものである。授乳・離乳を通して、母子の健康の維持とともに、親子のかかわりが健やかに形成されることが重要視される支援、乳汁や離乳食といった"もの"にのみ目が向けられるのではなく、一人ひとりの子どもの成長・発達が尊重される支援、授乳・離乳への支援が、健やかな親子関係の形成や子どもの健やかな成長・発達への支援として、より多くの場で展開されることをねらいとしている。

2　乳汁期の栄養・食生活

　乳汁期の栄養法には、母乳のみで行う母乳栄養、母乳以外の代替乳のみで行う人工栄養、母乳と代替乳を併用する混合栄養がある。

　授乳の支援は、乳汁の種類にかかわらず授乳を通して母子の健康の維持とともに、健やかな母子・親子関係の形成を促し、育児に自信をもたせるという「育児支援」の視点を忘れてはならない。

(1) 母乳栄養

　母乳は最も自然な栄養法であり、人間の乳児には最適であることはいうまでもない。それゆえ、母親がバランスのよい食事をとっていれば、母乳だけで生後5～6か月頃までの乳児は健康に発育ができる。

母乳栄養の歴史

　1945（昭和20）年頃まで母乳栄養が主流であったが、戦中戦後の食料不足などで十分な母乳が出ず、栄養失調の乳児が増えた時代があった。その後、高度経済成長に伴って調製粉乳の研究開発が進み、品質の向上、価格の手頃

表3－1　母乳育児成功のための10か条（2018年改訂版／ユニセフ・WHO共同声明）

1a．母乳代替品のマーケティングに関する国際規準（WHOコード）と世界保健総会の決議を遵守する。
1b．母乳育児の方針を文章にして、施設の職員やお母さん・家族にいつでも見られるようにする。
1c．母乳育児に関して継続的な監視およびデータ管理のシステムを確立する。
2．医療従事者が母乳育児支援に十分な知識、能力、技術を持っていることを確認する。
3．すべての妊婦・その家族に母乳育児の重要性と方法について話し合いをする。
4．出生直後から、途切れることのない早期母子接触をすすめ、出生後できるだけ早く母乳が飲ませられるように支援する。
5．お母さんが母乳育児を始め、続けるために、どんな小さな問題でも対応できるように支援する。
6．医学的に必要がない限り、母乳以外の水分、糖水、人工乳を与えない。
7．お母さんと赤ちゃんを一緒にいられるようにして、24時間母子同室をする。
8．赤ちゃんの欲しがるサインをお母さんがわかり、それに対応できるように授乳の支援をする。
9．哺乳びんや人工乳首、おしゃぶりを使うことの弊害についてお母さんと話し合う。
10．退院時には、両親とその赤ちゃんが継続的な支援をいつでも利用できることを伝える。

出典：一般社団法人日本母乳の会ホームページ「母乳育児成功のための10か条」

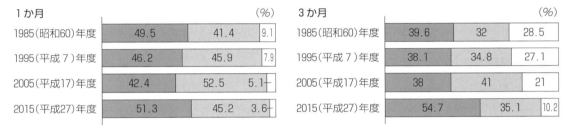

図3－1　授乳期の栄養方法（1か月、3か月）の推移

出典：厚生労働省「平成27年度 乳幼児栄養調査」

さ、女性の社会進出が進んだことなどから、1960（同35）年に約70％だった母乳栄養は1970（同45）年には約30％にまで減少した。当時のこの傾向は日本だけでなく世界的な傾向であった。そこで、1974年に世界保健機関（WHO）の総会で「乳児栄養と母乳保育」の決議がなされ、日本でも母乳推進運動が行われた。その後、1989年にWHOとユニセフ（国連児童基金）が「母乳育児成功のための10か条」（表3－1）を共同声明として発表し、世界中に母乳推進をよびかけた。それ以降わが国でも母乳が見直されるようになり、徐々に混合栄養を含む母乳栄養が増える傾向にある（図3－1）。「授乳・離乳の支援ガイド」においても、母乳育児の利点があげられている。

母乳の分泌の仕組み

　母乳の生成・分泌は、ホルモンが介在する条件反射である。この反射を泌乳（にゅう）反射または射乳反射という（図3－2）。

　妊娠すると、卵巣からエストロゲン（妊娠の維持・乳腺の発育を促す）、

・出産後はできるだけ早く、母子が触れ合って母乳を飲めるように支援する。
・子どもが欲しがるサインや、授乳時の抱き方、乳房の含ませ方等について伝え、適切に授乳できるよう支援する。
・母乳が足りているか等の不安がある場合は、子どもの体重や授乳状況等を把握するとともに、母親の不安を受け止めながら、自信をもって母乳を与えることができるよう支援する。
・母乳育児を継続するために、母乳不足感や体重増加不良などへの専門的支援、困ったときに相談できる母子保健事業の紹介や仲間づくり等、社会全体で支援できるようにする。

出典：厚生労働省「授乳・離乳の支援ガイド（2019年改定版）」2019年

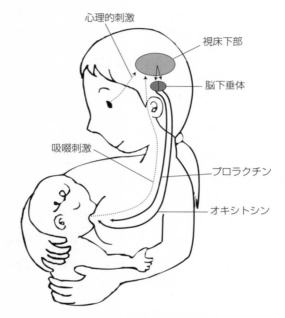

図3－2　母乳分泌の仕組み

プロゲステロン（妊娠の維持・乳管の発育を促す）が分泌され、妊娠の維持と泌乳のための準備がなされる。さらに胎盤が完成すると、そこからもエストロゲン、プロゲステロンの分泌がはじまる。このとき脳下垂体前葉からプロラクチン（乳汁の産生を促す）も分泌されているが、前述のエストロゲン、プロゲステロンはプロラクチンの分泌を抑制する働きももっているため、乳汁は産生されない。分娩後、胎盤が排出されると、エストロゲン、プロゲステロンの分泌量も減少するため、これらに抑制されていたプロラクチンの分泌がはじまり、乳汁が産生されるようになる。乳汁は血液中の栄養成分が乳房内の上皮細胞に取り込まれてつくられている。そして脳下垂体後葉からオキシトシン（乳汁を乳腺細胞より放出することを促す）が分泌されると、乳汁が放出されるようになる。オキシトシンは心理的・精神的な影響や乳児の

吸　啜による乳頭への刺激によって分泌が高まる。

　これらのホルモンは、すべて身体を調整するホルモンの分泌にかかわる脳の視床下部への神経伝達によって分泌されている。

母乳の分泌量

　分娩後最初の数日間に分泌される乳汁を初乳という。初乳の分泌量は少量で、色は黄色みがかっており、たんぱく質を多く含むため粘稠性がある。乳汁産生を完全に確立するためには乳頭への吸啜刺激が必要で、ある程度の授乳時間が必要であるため、根気よく吸わせることが大切である。生後24時間以内の早期頻回授乳や生後1週間に1日8〜10回の頻回授乳を行うことで、おおむね母乳栄養が確立するという報告もある。

　母乳の分泌量は、分娩24時間までは5〜20ml、48時間で50〜70ml、72時間で140〜250mlと3〜4日後には母乳の分泌量が急増する（乳汁来潮）。その後、さらに分泌量が徐々に多くなり、分娩10日から2週間ほど経つと分泌量は1日約500mlになり、色は淡黄色あるいは青白色となる。この乳汁を成熟乳という。また、初乳から成熟乳に移行する間の乳汁を移行乳という。

　1日の分泌量は個人差もあるが、産後1か月もすると650ml、2か月で800ml、3〜5か月で900〜1,000mlとなり、その後は次第に減少していく。食事摂取基準では、1日の母乳泌乳量を約780mlとしている。

　母乳の分泌量には、身体の健康状態だけではなく精神状態も強く影響を与えるので、授乳期間中は特に精神的にもゆったりと休養をとり、規則正しい生活と適度な運動、十分な睡眠が重要である。食事面にも注意を払うことが重要なのはいうまでもない。脂肪や糖分の多量摂取は乳腺炎の原因となるので注意する。バランスのよい十分な栄養と水分をしっかりとることが大切である。

母乳の成分

　母乳は消化・吸収がよく、また代謝の負担が少なく、乳児に最適な成分となっている。成分は、初乳から移行乳、成熟乳へと日を追うごとに変化する（図3−3）。初乳は成熟乳に比べると、たんぱく質、ミネラルが多く、乳糖、脂質が少ない。

・　たんぱく質：母乳のたんぱく質の成分は、乳清たんぱく質とカゼインに大別され、その割合は乳清たんぱく質が60%、カゼインが40%である。

　　乳清たんぱく質は、抵抗力の弱い乳児に有用な感染防御因子を含み、カゼインは、胃酸やたんぱく質分解酵素で分解されにくい成分である。アミノ酸組成も乳児には理想的で、発育・発達に必要なシスチン、ア

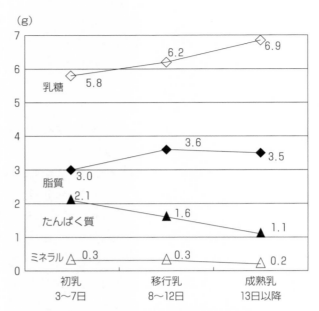

(g)

図3－3　日本人母乳の組織変化（100ml中）

出典：中澤勇二ほか『ミルク機能論』（放送大学教本）2004年

ルギニン、タウリンを多く含んでいる。

・ 脂質：脂質の含有量は牛乳とほぼ同じであるが、その成分は牛乳が飽和脂肪酸を多く含むのに対し、母乳は必須脂肪酸の多価不飽和脂肪酸、特に細胞をつくるのに必要なリノール酸などを多く含んでいる。そのため、消化・吸収もよい。

・ 炭水化物：母乳の炭水化物の95％は乳糖である。乳糖はエネルギー源だけではなく、カルシウムの吸収を促進する。乳糖以外にもビフィズス菌を増やすオリゴ糖も含んでいる。

・ ミネラル：母乳にはカルシウム、カリウム、マグネシウム、リンなどのミネラルが含まれている。カルシウムとリンが2：1の割合で含まれており、これはカルシウムの吸収に最適な割合とされている。また、血液中のヘモグロビン合成や発育に必要な鉄、銅、たんぱく質の分解・合成を促す亜鉛などは牛乳よりも含有量が多く、吸収もよい。

授乳方法

① 授乳間隔と回数

　出生後数週間の新生児期は、母乳の分泌量も少なく、乳児の生活リズムも安定していないため、授乳間隔にこだわらず乳児の要求に応じて授乳を行う。このような欲しがるときに欲しがるだけ授乳することを自律授乳（⇔規則授乳：授乳間隔と回数を決める）という。1か月後には母乳の分泌量も増し、

乳児も環境にも慣れ生活リズムも安定してくるので、3時間間隔で1日6〜8回程度となる。その後、2か月では昼間は3〜4時間間隔、夜間は6〜7時間間隔で1日5〜6回、それ以降、次第に夜中の授乳がなくなる。母乳量が安定し、乳児が母乳を十分に飲むことができれば、自然に授乳間隔は規則的になる。

② 授乳方法

母子ともに落ち着いた環境のなかで、楽な姿勢で乳児をしっかり抱き、乳頭を清潔な布で拭き、乳児の口にしっかりと乳首を含ませる。1回の授乳が片方の乳房だけで足りる場合には、次回の授乳は反対の乳房で与える。足りない場合は、片方を飲みきったあと反対の乳房を与え、次回の授乳はそちらの乳房から与える、というように左右交代で与える。

いずれの方法にしろ、母乳分泌を衰えさせないためにも乳腺炎予防のためにも、飲み残しは搾乳（さくにゅう）して乳腺細胞を空にしておく。1回の授乳時間はだいたい15分前後を目安にする。乳児は胃の噴門括約筋（ふんもんかつやくきん）の働きが未熟なため、飲み込んだ空気と一緒に乳をもどすことがあるので、授乳後は排気（げっぷ）をさせ、吐乳（とにゅう）を防ぐ。

母乳栄養の利点

① 栄養効率がよく、代謝負担が少ない

母乳の成分は、乳児にとって消化・吸収がよく、ほぼ完全に利用されるので、代謝のための負担が少ない。

② 感染防御因子を含んでいる

母乳にはさまざまな免疫物質が含まれており、それらは乳児の疾病罹患率（りかん）、死亡率を低下させている。特に初乳には免疫物質が多く含まれるので、必ず乳児に与えるようにしたい。

- 免疫グロブリンA（IgA）：初乳に含まれており、腸管から吸収されずに腸管の表面を覆ってウイルスの侵入を防いでいる。
- ラクトフェリン：抗菌、抗ウイルス作用を有し、鉄吸収を促進する。初乳に多い。
- リゾチーム：細菌の細胞壁を溶かす作用をもつ。
- オリゴ糖・ムコ多糖：ビフィズス菌の増殖を促進し、腸内を酸性にし、病原菌の繁殖を抑える。

③ 抗原性をもたない

母乳のたんぱく質は同種たんぱく質なので、アレルギーを起こしにくい。

④ あごの発達を促す

母乳栄養児は乳汁を飲む際、あごと舌を利用して母乳を押し出す。人工栄

養では乳首から簡単に乳汁を飲むことができるため、母乳栄養のほうがあご
が発達しやすい。あごの発達は歯並びや咀しゃく力にも影響を与える。

⑤　母子相互作用を高める

　母と子の間で視覚・臭覚・聴覚・触覚などの感覚を通して、ともに満足感、
安心感、信頼感を得て、母子関係の確立を容易にする。

⑥　産後の母体の回復を早める

　母乳分泌にかかわるオキシトシンは子宮を収縮させるため、産後の母体の
回復を早めている。

母乳栄養の問題点

① 　新生児黄疸

　生後3〜4日の新生児にみられる黄疸[*2]を新生児黄疸という。これは10
日ほどで消える。ヘモグロビンの分解物であるビリルビン（胆汁色素）を体
外に排出する仕組みが十分にできあがっていないため黄疸が出るのだが、母
乳の成分がビリルビンの排泄を阻害し、黄疸をひどくしてしまうことがある。

② 　ビタミンK依存性凝血因子の欠乏による出血症（ビタミンK欠乏出血症）

　生後1か月前後の乳児にみられる。母乳には血液凝固に必要なビタミンK
が少なく、また、新生児はビタミンKを合成する働きのある腸内細菌も少な
いため、まれにビタミンK欠乏による頭蓋内出血を起こすことがある。対策
として、出生時、生後1週目、生後1か月目にビタミンK_2シロップを投与
する。

③ 　ビタミンD不足

　近年母乳のみで育てられた乳児に、ビタミンD不足による「くる病」[*3]の
発症が増えている。原因としては、紫外線を気にするあまりの日光浴不足あ
るいは過度の日焼け止め薬の使用により皮膚でのビタミンD合成が阻害され
ることや離乳食開始後の食物アレルギー発症により特定の食品（特に卵）の
完全排除などがあげられる。乳汁期に母乳でビタミンDが不足しても離乳食
でその不足分が補うことができれば症状は改善し、歩行できるようになる頃
には完治していることが多い。

④ 　ウイルス感染

　成人T細胞白血病ウイルス（HTLV−1）、ヒト免疫不全ウイルス（HIV）、
サイトメガロウイルス（CMV）などいくつかのウイルスは母乳を介して乳
児に感染する。

　成人T細胞白血病ウイルスは輸血、性交、母乳により感染する。発症は感
染直後ではなく、早くても30歳代、多くは50歳前後である。キャリア（ウイ
ルスの保菌者）でも発症頻度は5〜10％と低いが、発症すると2年以上の生

存者はほとんどいない。

　ヒト免疫不全ウイルスは、輸血・血液製剤、性交、出産、母乳により感染する。感染すると数年から10年ほどの無症候期を経たのち、免疫に大切な細胞が徐々に破壊され免疫不全状態となり、特定の疾患を発症する状態（AIDS：後天性免疫不全症候群）になる。

　現在、国内におけるほとんどの妊婦健診で成人T細胞白血病ウイルス、ヒト免疫不全ウイルスともにスクリーニング検査が行われている。キャリアの母親は授乳を中止すべきである。

⑤　薬　剤

　母親が服用した薬剤は、わずかではあるが母乳に移行する。一般的な薬剤の多くは母乳に移行しても乳児に影響はないといわれるが、一部の薬物を服用した場合については母乳を中止しなければならない。授乳中の薬剤服用については医師の指示にしたがう必要がある。

⑥　嗜好品（喫煙、飲酒など）

　喫煙による母親のニコチン摂取は母乳に影響を与える。1日4本の喫煙で母乳量が減少し、20本以上喫煙すると母乳へ移行したニコチンにより乳児の不眠や嘔吐、下痢を引き起こす可能性が高くなる。また、母親の喫煙は低出生体重児や乳幼児突然死症候群（SIDS）につながりやすいと指摘されている。副流煙による受動喫煙も、乳児の目、鼻、のど、気管などに悪影響を与える。

　飲酒によるアルコール摂取は、短時間で母乳に移行する。そのため母親は授乳期におけるアルコール摂取は控えたほうがよい。

　コーヒーや紅茶、緑茶などに含まれるカフェイン*4も母乳中に微量ながら移行する。大量でなければ影響はないが、授乳中はカフェインレスを飲むことが望ましい。

⑦　アレルギー

　母親の食べた卵や牛乳などの食品のたんぱく質の一部が未消化のまま吸収されて母乳中に分泌されることがあり、これが原因で乳児がまれにアレルギーを起こすことがある*5。乳児がこれら食物アレルギーの症状を呈した場合は、医師の判断にしたがい、母親は原因と思われる食品の摂取を制限するか禁止をする必要がある。

⑧　環境汚染

　環境汚染物質であるダイオキシン・水銀・PCB*6などは母親の摂取した食物により体内に蓄積され、母乳を介して乳児へ移行する。特に魚介類に多く含まれるため、脂肪の多い部分や、特定の魚介類に偏った食事は避けたほ

＊4　カフェイン
カフェインは、中枢神経系を興奮させて眠気をはらい、集中力を高める効果がある。乳児がカフェインをとると、興奮して落ち着きがなくなったり、不眠になったりするなどの影響が出る可能性がある。

＊5　アレルギー
アレルギーについて、詳しくは、第5章3（p.133）を参照。

＊6　PCB
PCBはPoly Chlorinated Biphenyl（ポリ塩化ビフェニル）の略称で、その優れた絶縁性能から、主に電機機器の絶縁油として使用されてきた。しかし、人の健康および生活環境に被害を与える物質であることから生産・輸入が禁止されている。

うがよい。

哺乳障害と授乳の禁忌

① 哺乳障害

　母親あるいは乳児になんらかの障害があり、哺乳に困難をきたすことを哺乳障害という。

　母体側の原因としては、陥没乳頭、扁平乳頭、裂状乳頭などの乳頭異常や乳腺炎などがあげられる。陥没乳頭、扁平乳頭の場合は、妊娠中から乳首マッサージなどの手入れを続けることで解消される。乳腺炎は、脂肪分の多い食事摂取を続けていたり、水分摂取が少ない場合に起こりやすく、乳腺に乳汁が詰まり炎症を起こすというものである。

　乳児側の原因としては、低出生体重児や脳神経の異常などにより吸啜機能が未熟な場合や、口唇裂、口蓋裂（口腔と鼻腔がつながり、口のなかを十分に陰圧することができずに吸う力が弱くなる）、高口蓋（口蓋が高く舌を上口蓋に押しつけにくい）などがあげられる。この場合、哺乳床や口唇口蓋裂児用の哺乳用品の利用で哺乳改善できる。

② 授乳の禁忌

　母親にウイルス性疾患（梅毒、成人Ｔ細胞白血病ウイルス、ヒト免疫不全ウイルス）などの乳児への伝染の恐れがある疾病、また、乳房の化膿性疾患などのある場合や、授乳が母体の健康を損なう可能性のある疾病、たとえば心不全、腎不全、糖尿病などがある場合は、医師の判断のもとに授乳を禁止しなければならないこともある。

母乳不足

　母乳では乳児がどのくらいの量を飲んだかがわかりにくく、不安を感じることもある。次のような症状がいくつか重複してみられるようであれば、母乳不足を疑う必要がある。ただし、個人差もあるので、1日ごとではなく1週間、生後3か月以降であれば1か月程度の変化をみるようにする。

- ・授乳間隔が短い。
- ・授乳時間が長い（いつまでも乳首を吸っている）。
- ・母乳の後に育児用ミルクを与えるとよく飲む。
- ・眠りが浅く、不機嫌である。
- ・便秘傾向があり、尿量が少ない。
- ・体重の増加が悪い。
- ・授乳時間になっても母親の乳腺が張ってこない。

母乳の冷凍保存

　今日では仕事をもつ母親が多く、母乳を冷凍保存する母親とそれを受け入

れる保育所が増えている。専用の滅菌された母乳バッグを使用し、冷凍庫で急速冷凍をする。冷凍をしてもその成分や免疫物質に影響はない。解凍は、電子レンジや熱湯使用では免疫物質を破壊するなど母乳の成分を変化させてしまう可能性があるため、流水解凍し、消毒した哺乳びんに移して40℃前後の湯煎で温め、手早く衛生的に授乳する。冷凍母乳は−18℃以下で保存し、１〜２週間のうちに使うようにする。

便　性

　出生後、24時間以内に最初の便が出る。これを胎便という。子宮内で飲み込んだ羊水や腸の上皮細胞、胆汁色素などを含み、暗緑黒色で無臭、粘着性がある。

　母乳栄養児の便は黄色から山吹色で、水溶性から軟便である。母親の食事にも影響されやすい。回数は生後１か月頃までは７〜10回と多い。その後は次第に回数が減少し、４か月頃には１〜２回となる。

　人工栄養児の便は淡黄色で、軟便から普通便ないし硬便である。回数は個人差もあるが母乳栄養児より少ない。

　排便の状態や回数には個人差があるので、いつも観察しておくことが大切である。

　栄養方法による便性の違いは腸内細菌叢の違いが一因と考えられる。母乳栄養児ではビフィズス菌が圧倒的に多いが、人工栄養児では大腸菌も多い。しかし、最近の調製粉乳のなかには母乳栄養児に近い便が出るようにビフィズス菌増殖のためのオリゴ糖を配合するなどの工夫がされているものもある。

(2)　人工栄養

　母乳以外の代替乳である調製粉乳で調乳された液あるいは乳児用調整液状乳により乳児を哺育する栄養法を人工栄養という。調製粉乳で調乳した液を粉ミルク、乳児用調整液状乳を液体ミルク、あるいはともにミルクということが多い。「乳及び乳製品の成分規格等に関する省令」は、「生乳、牛乳若しくは特別牛乳又はこれらを原料として製造した食品を加工し、又は主要原料とし、これに乳幼児に必要な栄養素を加え」たもののうち、「粉末状にしたもの」を調製粉乳、「液状にしたもの」を調整液状乳と定義している。

　そのほかには、特殊用途粉乳、治療用特殊ミルクがある。

人工栄養の歴史

　わが国での人工栄養の歴史は大正時代にさかのぼる。1915（大正４）年頃から乳児の栄養代謝の研究がはじまり、1917（同６）年、日本初の育児用粉

乳が発売された。しかし、当時はまだ人工栄養が理解されず、価格も高価であったために普及するには至らなかった。1941（昭和16）年、育児用粉乳の調製粉乳として必要な栄養素量が規定されたが、1950（同25）年頃までのそれは母乳とは程遠いものであり、質・量ともに不十分であったため、母乳栄養以外を与える場合には牛乳を希釈して与えていた。その後1955（同30）年頃より母乳成分の研究や新しい技術の導入で調製粉乳の改良普及が高まり、調製粉乳はさらに母乳に近いものになっていった。最初の頃は調乳の際、砂糖を添加していたが、1975（同50）年以降はそれが不要となった。また、調乳方法も月齢に応じて濃度を変えていたが、1966（同41）年からは月齢にかかわらず一定の濃度で調乳する単一調乳になった。成分も1983（同58）年に銅と亜鉛の添加が認められ、DHAやラクトフェリンなど乳児に必要な成分が次々と添加されるようになった。2014（平成26）年にはビオチンの添加が認められている。また、形態も粉末だけではなく、粉末を固形化したキューブタイプの製品も登場し、2019（令和元）年にはお湯に溶かす必要がなく、そのまま乳児に飲ませることのできる液体ミルクが発売されている。

調製粉乳

　調製粉乳には、①育児用調製粉乳、②フォローアップミルク、③低出生体重児用粉乳、④ペプチドミルクがある。

① 育児用調製粉乳

　育児用調製粉乳は母乳の代替品であるため、母乳の成分組成に近づくように調製されている（表3−3）。メーカーにより強調点が異なるものの成分に大きな違いはなく、それら調乳液の組成は100mlあたりエネルギー約67kcal、たんぱく質約1.5g、脂質約3.6gとなっている（表3−4）。

- ・ たんぱく質：母乳中に存在しない牛乳のたんぱく質β−ラクトグロブリンを酵素分解し、アレルゲン性の低減処理を施している。牛乳のたんぱく質の成分割合は乳清たんぱく質20％、カゼイン80％とカゼインが多く消化吸収が悪いため、母乳と同じ割合に改善し、アミノ酸組成も母乳に近づけている。さらに牛乳に少ないシスチン、タウリンを添加している。
- ・ 脂質：植物油により多価不飽和脂肪酸（リノール酸、α−リノレン酸）を強化し、必須脂肪酸バランスを母乳に近づけている。魚油の添加により脳や網膜の発達に有効なドコサヘキサエン酸（DHA）も強化している。
- ・ 糖質：乳糖を母乳と同じ全体の7％程度に増量・調整し、ビフィズス菌を増殖するため、オリゴ糖を強化している。

表3－3　母乳・人工乳・牛乳の成分比較（100ml中）

	母 乳*1	人 工 乳*2		牛 乳*1
		調製粉乳	フォローアップミルク	
たんぱく質（g）	1.1	1.5	2.1	3.3
脂質（g）	3.5	3.6	2.8	3.8
炭水化物（g）	7.2	7.3	8.2	4.8
ナトリウム（mg）	15	18	29	41
カリウム（mg）	48	65	99	150
カルシウム（mg）	27	48	92	110
鉄（mg）	0.04	0.8	1.1	0.02

*1　文部科学省「七訂 日本食品標準成分表（2015年版）」より
*2　各メーカーの調製粉乳を調製したほぼ平均

表3－4　市販各社調整粉乳の比較（調整乳100ml中）　　　　（2017年5月現在）

メーカー（製品名）	アイクレオ（バランスミルク）	和光堂（はいはい）	明治乳業（ほほえみ）	雪印ビーンスターク（すこやかM1）	森永乳業（はぐくみ）	雪印メグミルク（ぴゅあ）
エネルギー（kcal）	66	67	68	67	67	67
たんぱく質（g）	1.5	1.5	1.5	1.5	1.4	1.5
脂質（g）	3.6	3.6	3.5	3.6	3.5	3.6
炭水化物（g）	7.1	7.3	7.8	7.2	7.4	7.1
ナトリウム（mg）	15	18	19	20	18	20
カルシウム（mg）	45	49	51	46	49	46
鉄（mg）	0.9	0.8	0.8	0.8	0.8	0.6
その他	ヌクレオチド ガラクトオリゴ糖 α－リノール酸	DHA ラクトフェリン アラキドン酸 ガラクトオリゴ糖	DHA アラキドン酸	ヌクレオチド オリゴ糖 シアル酸 RNA スフィンゴミエリン DHA	DHA ラクトフェリン アラキドン酸 スフィンゴミエリン 3種オリゴ糖	DHA オリゴ糖 ラクトアドヘリン ヌクレオチド β－カロテン リン脂質 ビオチン

・　ミネラル：吸収効率を上げるため、ミネラルバランス（Ca：P、K：Na）の調整を行っている。鉄欠乏性貧血*7の予防のために鉄の強化、貧血・発育遅延の予防のために銅の強化、成長阻害・免疫機能低下・皮膚炎の予防のために亜鉛を強化している。銅、亜鉛は、食品では母乳代替食品（調製粉乳）にのみ添加が許可されている。

・　ビタミン：血液凝固に必要なビタミンK、抗酸化作用をもつビタミンE、β－カロテンを強化している。

*7 鉄欠乏性貧血について、詳しくは、本章4(2)（p.100）を参照。

81

② フォローアップミルク（高月齢期・生後9か月〜5歳児くらいまで使用できる）

　離乳食が栄養の中心となる9か月以降に用いられる栄養補給ミルクである。そのため、育児用調製粉乳よりも牛乳の成分に近く、離乳期以降の不足しがちな鉄分やビタミン等が強化されている。

　このミルクは必ずしも用いなくてもよく、離乳食で十分な栄養素等を摂取している場合、あるいは1歳を過ぎていれば牛乳に切り替えてもかまわない。

③　低出生体重児用粉乳

　出生時体重が2,500g未満の乳児を低出生体重児という。低出生体重児にとっても母乳栄養が最も望ましいが、やむを得ない場合は、出生体重や治療の状態に応じて一般の育児用調製粉乳か低出生体重児用粉乳が用いられる。育児用調製粉乳に比べて、高たんぱく質、低脂肪、高ビタミンの調整がされている。

④　ペプチドミルク

　アレルギーの原因（アレルゲン）となりやすい乳清たんぱく質を低減し、さらに酵素分解して消化されやすいペプチドにしたものを主成分にした調製粉乳である。アレルゲン性が低減されているが、アレルギー疾患用ではない。

　両親や兄姉にアレルギー疾患がある場合などの牛乳アレルギー予防ミルクである。

特殊用途粉乳

　特殊用途粉乳とは、牛乳が原料となっている調製粉乳のままではなんらかの障害が起こる乳児のための粉乳で、大豆乳、カゼイン加水分解乳、アミノ酸混合乳、無乳糖乳などがある。

①　大豆乳：牛乳アレルギー児用、乳糖不耐症児用

　大豆たんぱく質を原料にしている。大豆に不足するヨード、メチオニンを添加し、ビタミン、ミネラルを強化している。乳糖を含まない。

②　カゼイン加水分解乳：牛乳・大豆アレルギー児用

　アレルゲンとなる乳清たんぱく質を除去し、さらにカゼインをポリペプチドとアミノ酸にまで分解することでアレルゲン性を低減している。商品によっては乳糖を含まず、乳糖不耐症児にも使用できる。

③　アミノ酸混合乳：重篤牛乳アレルギー児用

　母乳のアミノ酸組成に基づいて20種類のアミノ酸をバランスよく混合し、ビタミン、ミネラルを添加したものである。

④　無乳糖乳：乳糖不耐症児用

　乳糖分解酵素が欠損している場合や弱い場合、乳糖を摂取すると下痢を起

こすため、育児用調整粉乳から乳糖を除去してブドウ糖に置き換えたものである。

治療用特殊ミルク

　先天性代謝異常症用ミルク*8：フェニルケトン尿症、楓糖尿症（かえで）、ホモシスチン尿症、ガラクトース血症などの先天性代謝異常症児の治療用特殊ミルクで、医薬品として扱われている。

＊8
先天性代謝異常症について、詳しくは、第5章1（p.125）を参照。

調　乳

　調製粉乳を処方にしたがって調合調整する操作を調乳という。調乳は粉乳の量などを正確に量り、器具を清潔に扱う衛生的配慮と適切な調乳操作が重要である。なお、2007年6月には国連食糧農業機関（FAO）と世界保健機関（WHO）より「乳児用調製粉乳の安全な調乳、保存及び取り扱いに関するガイドライン」が作成・公表されている（表3－5）。

　調乳方法には、無菌操作法と終末殺菌法がある。

　無菌操作法は、一般家庭や少人数の保育所で用いられる方法で、授乳のたびに哺乳びんを殺菌消毒、粉乳を計量、調乳する（図3－4）。殺菌消毒の方法は、薬液消毒、煮沸消毒、電子レンジ消毒などがある。

　終末殺菌法は、人数の多い施設で集団授乳の場合に用いられる方法で、数回分をまとめて調乳して、哺乳びんに分注し、最後に加熱殺菌消毒する。冷蔵庫で保管し、授乳のたびに湯煎（ゆせん）で適温に温めて授乳する。

　調乳濃度は、どのメーカーの調製粉乳も母乳に近い成分になるように、13～14%に調整されている。また、調乳方法は何も添加する必要がなく、定量のお湯に溶かすだけ（単品調乳）であり、月齢に関係なく一定の調乳濃度（単

表3－5　乳児用調粉乳を用いた粉ミルクの調乳

1．粉ミルクを調乳する器具の表面を洗浄し滅菌する。
2．石鹸と清浄な水で手指を洗い、清潔な布か使い捨てのナプキンを用いて水分を拭き取る。
3．十分な量の安全な水を沸騰させる。
4．火傷に気をつけて、70℃以上にまで冷却した適量の沸騰させた水を、清潔で滅菌済みのコップあるいは哺乳ビンに注ぐ。
5．表示された量の乳児用調整粉乳を正確に量って加える。
6．調乳後直ちに、水道の流水の下に置くか、冷水または氷水の入った容器に静置することにより、授乳に適した温度まで短時間で冷却する。
7．清潔な布または使い捨ての布によって、哺乳ビン又は哺乳カップの外側にある水分を拭き取る。
8．非常に高温の湯が調乳に使用されるため、乳児の口に火傷を負わさないよう、授乳する前に授乳温度を確認することが不可欠である。
9．調乳後2時間以内に消費されなかった粉ミルクは、全て廃棄すること。

出典：世界保健機関・国連食糧農業機関「乳児用調整粉乳の安全な調乳、保存及び取り扱いに関するガイドライン」2007年 pp.18－19より一部抜粋

①調乳卓をきれいにし、手を石鹸と清浄な水で十分に洗う。

②器具を洗浄、滅菌する。

③ミルク缶のすりきりバーを使って規定量を正確に量り哺乳びんに入れる。

すりきり

粉乳を哺乳びんの口につけたり、こぼしたりしないように

MILK

④一度沸騰した70℃以上の湯を規定量の1/2〜2/3まで入れて、静かに振って粉乳を溶かす。

清潔な布で巻いたりしてやけどをしないように

底までしっかり溶かして

⑤出来上がり量まで湯を加え乳首をつけて再度静かに振って完全に溶かす。

正確に

静かに振って

⑥水道の流水の下か、冷水または氷水中で37〜40℃まで冷まして与える。冷却のための水が乳首にかからないようにフードをするとよい。

短時間で冷却

熱くないかな？

図3－4　無菌操作法

注：表3－5のFAO/WHOのガイドラインでは、調乳手順は湯→粉乳→湯としているが、この方法では湯気により粉乳が計量スプーンにくっつき正確に量ることが難しくなるため、国内のミルクメーカーでは粉乳→湯→湯の手順を推奨している。

一処方）でよい。規定以上に高濃度で乳児に与え続けると、たんぱく質の分解産物が血液中に多くなり、腎臓の機能がついていけず、脱水症状を起こしてしまう。

授乳方法

　母乳栄養と同様、母子ともに落ち着いた環境のなかで、楽な姿勢で乳児をしっかり抱き、乳首部分に空気が入らないように哺乳びんの底を高くして与える。人工栄養の場合でも母子相互作用は働くため、乳児の目を見てゆったりと授乳することが大切である。哺乳びんからミルクが出すぎるとむせるし、出にくいと空気を飲み込むことがある。キャップ部分の微調節や乳児の哺乳

量にあわせた乳首の穴の形・サイズの選択が必要である。

　授乳回数・哺乳量は個人差もあるが目安としては、生後1か月頃までは1日7〜8回・80〜120ml/回、生後1〜2か月で6回・140〜160ml/回、生後2〜3か月で6回・160〜180ml/回、生後3〜4か月で5回・200〜220ml/回、生後4〜5か月で5回・220ml/回くらいである。人工栄養の場合、哺乳量が目に見えるため無理強いして飲ませようとすると、生後2、3か月の乳児の場合、ミルク嫌いになってしまうことがあるので注意する。

（3）　混合栄養

　母乳と代替乳を併用する栄養方法を混合栄養という。母乳だけでは不足する場合や就労などにより母乳を与える時間がとりにくい場合に行われる。

　混合栄養による授乳方法には、次の方法がある。

① 　授乳のたびにまず母乳を与えた後、育児用ミルクを飲むだけ与える。

　　毎回、乳頭刺激があるため、母乳の分泌量が減少せず、母乳栄養を続けるには一番望ましい。しかし、哺乳びんによる授乳は容易に吸啜できるため、次第に母乳を嫌がって飲まなくなることが少なくない。

② 　母乳と育児用ミルクを交互に与える。

　　1回の哺乳量が確保できるまで母乳を与えるのを休み、その間は育児用ミルクを与える。この場合、乳頭刺激の機会が減るため、次第に母乳の分泌量が減少していく。

③ 　母親が就労している場合、出勤前と帰宅後は母乳を与え、就労している時間だけ育児用ミルクを与える。

　　この場合も乳頭刺激の機会は減るが、可能であれば、乳腺細胞を空にするために冷蔵・冷凍母乳を利用して母乳栄養を続けることが望ましい。

３　離乳期の栄養・食生活

（1）　離乳の定義とその必要性

離乳の定義

　授乳と離乳の開始・進行のガイドラインとなる「授乳・離乳の支援ガイド」（厚生労働省、2019年改定版）において、離乳とは「成長に伴い、母乳又は育児用ミルク等の乳汁だけでは不足してくるエネルギーや栄養素を補完

するために、乳汁から幼児食に移行する過程」をいう。また、「この間に子どもの摂食機能は、乳汁を吸うことから、食物をかみつぶして飲み込むことへと発達する。摂取する食品の量や種類が徐々に増え、献立や調理の形態も変化していく。また摂食行動は次第に自立へと向かっていく」とされている。

離乳の必要性と役割

① 栄養素およびエネルギーの補充

　乳児の成長に伴い、母乳のみでは必要な栄養素やエネルギーが不足してくる。そこで、母乳以外の食物から栄養をとることにより、母乳では不足する栄養素やエネルギーを補給することができる。

② 消化機能の発達を促す

　生後5～6か月頃になると、唾液などの消化液の分泌量が増加する。この時期に離乳食を与えることにより消化酵素が活性化し、消化機能の発達を促すことができる。

③ 摂食機能の獲得

　子どもの発育・発達段階に合わせた離乳食により、食べ物を口から取り込み（捕食）、口のなかに入れた食べ物をつぶして唾液と混ぜて食塊にして（咀しゃく）、食べ物を飲み込む（嚥下）、という一連の動作である摂食機能を獲得させることができる。この摂食機能が不十分であると、特に幼児期以降の咀しゃく機能に影響を与え、かまない、丸飲みする、飲みこまずに口のなかにため込むなどの食行動につながる恐れがある。

④ 食習慣と生活リズムの形成

　離乳食の食感、味、におい、色、形が、乳児の味覚、嗅覚、触覚、視覚などの感覚を刺激し、食べ物に対する興味も形成する。

　離乳食を決まった場所、時間、回数で与えることは、食欲を促し、望ましい食習慣を培う。さらに、家族とともに同じ食卓を囲み、自分で食具を使用して食べることで精神発達も促される。望ましい食習慣は、乳幼児の健康に適切な生活リズムを形成することにつながる。

(2) 離乳の開始

離乳開始の目安

　子どもは生後2か月頃から指しゃぶり、生後4か月頃には玩具しゃぶりなどをして、離乳の開始の準備をしている。そして、①首のすわりがしっかりしている、②支えてやると座ることができる、③大人が食べている食べ物に興味を示す、④スプーンなどを口に入れても舌で押し出すことが少なくなる

（哺乳反射の減弱）などの子どもの発達・発育が、離乳食の開始の目安となる。生後5、6か月頃がこの頃といわれる。

離乳の開始

離乳の開始とは、なめらかにすりつぶした状態の食べ物をはじめて与えたときをいい、その時期は子ども一人ひとりの発育や発達状況が重視される。

なお、離乳の開始前に、果汁をスプーンや哺乳びんで与えることは*9、母乳や育児用ミルクの摂取量が減少し、糖質以外の栄養素の摂取量の低下につながる。

離乳開始の留意点

子どもの体調がよく、機嫌がよいときにはじめる。アレルギーの心配の少ない消化のよいおかゆから与えはじめる。

新しい食品を与える場合は、子どもの発育、機嫌、食欲、皮膚の状態、便通などに注意をはらい、様子をみながら与えるとよい。

（3）　離乳食の進め方

「授乳・離乳の支援ガイド」には、離乳食の進め方の目安が示されている（表3－6）。子どもの食欲や発育・発達には個人差があるので、配慮しながら進める。

生後5、6か月頃

① 食事のリズム

離乳食を開始した約1か月は、落ち着いて離乳食をつくったり、与えたりできる時間に1日1回与える（図3－5）。離乳食を開始して約1か月を経過した頃には1日2回（図3－7）与える。この頃は、乳汁以外の食べ物に慣れることが大切である。栄養の大部分はまだ乳汁から得なくてはならないので、離乳食を与えた後に限らず授乳をする必要がある。

② 食事の目安と進め方

新しい食品を最初に与えるときは、1種類ずつ与え、子どもの体調が普段と変わりないか様子をみる。食事の進め方として、最初は飲み込みやすいポタージュ状に裏ごしした10倍がゆ*10などをスプーン1杯から与えはじめる。ゆっくりと量や種類を増やす。飲み込む様子をみながら、徐々にジャム状へと進める。食品は、消化のよい米がゆから芋、野菜、そして最後にたんぱく質類を与えるようにする（表3－7）。

*9
果汁の摂取により、①乳汁の摂取量が減少すること、②乳汁の摂取量減少によりたんぱく質、脂質、ビタミン類や鉄、カルシウム、亜鉛などのミネラル類の摂取量低下が危惧されること、③乳児期以降の果汁の過剰摂取傾向と低栄養や発達障害との関連が報告されていることから、離乳開始前に果汁を与える必要はない。

*10　10倍がゆ
米1に対して水10の割合で炊いたおかゆのこと。米1に対して水5の割合で炊いたおかゆを5倍がゆ（一般的には全粥）という。

表3−6　離乳の進め方の目安

		離乳の開始　　　　　　　　　　　　　　　　　→　　　　離乳の完了			
		以下に示す事項は、あくまでも目安であり、子どもの食欲や成長・発達の状況に応じて調整する。			
		離乳初期 生後5〜6か月頃	離乳中期 生後7〜8か月頃	離乳後期 生後9〜11か月頃	離乳完了期 生後12〜18か月頃
食べ方の目安		○子どもの様子をみながら1日1回1さじずつ始める。 ○母乳や育児用ミルクは飲みたいだけ与える。	○1日2回食で食事のリズムをつけていく。 ○いろいろな味や舌ざわりを楽しめるように食品の種類を増やしていく。	○食事リズムを大切に、1日3回食に進めていく。 ○共食を通じて食の楽しい体験を積み重ねる。	○1日3回の食事リズムを大切に、生活リズムを整える。 ○手づかみ食べにより、自分で食べる楽しみを増やす。
調理形態		なめらかにすりつぶした状態	舌でつぶせる固さ	歯ぐきでつぶせる固さ	歯ぐきで噛める固さ
1回当たりの目安量					
Ⅰ	穀類（g）	つぶしがゆから始める。 すりつぶした野菜等も試してみる。 慣れてきたら、つぶした豆腐・白身魚・卵黄等を試してみる。	全がゆ 50〜80	全がゆ 90〜軟飯80	軟飯80〜 ご飯80
Ⅱ	野菜・果物（g）		20〜30	30〜40	40〜50
Ⅲ	魚（g）		10〜15	15	15〜20
	又は肉（g）		10〜15	15	15〜20
	又は豆腐（g）		30〜40	45	50〜55
	又は卵（個）		卵黄1〜 全卵1/3	全卵1/2	全卵1/2〜 2/3
	又は乳製品（g）		50〜70	80	100
歯の萌出の目安			乳歯が生え始める。	1歳前後で前歯が8本生えそろう。 離乳完了期の後半頃に奥歯（第一乳臼歯）が生え始める。	
摂食機能の目安		口を閉じて取り込みや飲み込みが出来るようになる。	舌と上あごで潰していくことが出来るようになる。	歯ぐきで潰すことが出来るようになる。	歯を使うようになる。

※衛生面に十分に配慮して食べやすく調理したものを与える
出典：厚生労働省「授乳・離乳の支援ガイド（2019年改定版）」2019年　p.34

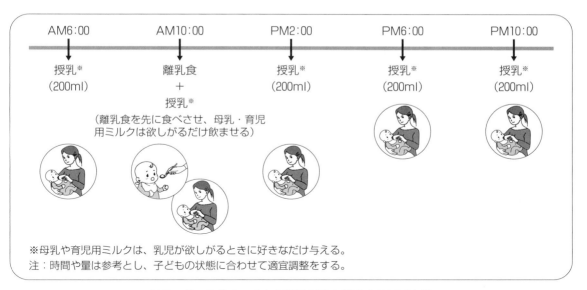

※母乳や育児用ミルクは、乳児が欲しがるときに好きなだけ与える。
注：時間や量は参考とし、子どもの状態に合わせて適宜調整をする。

図3－5　生後5、6か月頃の授乳と離乳食のリズム例

表3－7　与えることのできる食品

目安の月齢			5、6か月頃	7、8か月頃	9～11か月頃	12～18か月頃（完了期）
調理状態			なめらかにすりつぶした状態 ポタージュ状 → ジャム状	舌でつぶせる固さ 豆腐程度	歯茎でつぶせる固さ バナナ程度	歯茎でかめる固さ 肉団子程度
炭水化物源	主食	米	つぶしがゆ	全がゆ	全がゆ → 軟飯	軟飯 → ご飯
		パン	──	みじん切りを つぶした状態	食パンを切りミルク煮 スティック状に切る(手に持つ)	持ちやすい大きさ	ロールパン等、ほぼ大人と 同様のものが食べられる
		麺類	──	1～2cm角のやわらか煮 ──────→		短め / やわらかめ
ビタミン・ミネラル類	副菜	芋類	じゃがいもやさつまいもなど マッシュしたものをスープでのばす	1cm角のやわらか煮・煮る・ふかす ──────→		煮る・ふかす・揚げる
		野菜	くせのない野菜から与える / 緑黄色野菜は積極的に与える かぼちゃ・人参・かぶ・トマト・ブロッコリー・玉ね ぎ・キャベツ・ほうれん草・小松菜・大根など うらごしする・つぶす　　　　　1cm角のやわらか煮		ほとんどの野菜 大人用に手を加え、食べやす い大きさ、やわらかさにする。	生野菜は食べにくいので、 ゆでられるものはゆでる
		果物	りんご・バナナなど酸味の少ないものから 　おろす・つぶす ──→ やわらか煮 ──→		そのままで薄切り	そのまま1～2cm → 2cmくらい
		海藻	──	のり・わかめ・ひじきなど(みじん切りをよく煮る → やわらか煮)		生は食べにくい場合がある
たんぱく質源	主菜	魚類	白身魚(しらす・たらなど)すりつぶし	白身魚(さけなど)ほぐす	白身魚・あじ・まぐろなど	ほぼ大人と同様のものが食 べられるが、固さは配慮す る
		豆類	豆腐すりつぶし ──────→ 納豆(ゆでこぼす)つぶし ──────→	豆腐角切り 高野豆腐 　そのままの大きさで	大豆五目煮・うずら豆等煮豆 (やわらか煮)	
		卵類	──	卵黄から →	全卵1/2個	全卵1/2～2/3個
		肉類	──	鶏・豚ひき肉　そのまま 鶏ささみ・レバー　すりつぶし	ひき肉・レバー・鶏肉・牛肉・豚肉 (繊維を断ち切る)	ほぼ大人と同様のものが食べられ るが、切り方・固さは配慮する
		乳製品	──	ミルク煮・ヨーグルト和え、チーズ煮など		牛乳はそのまま飲用
油脂				バター・マーガリン　少量	植物油、マヨネーズ　少量	使用する際は少量

注）── は与えないことを示す。
　　──→ は乳児の様子をみながら矢印の向きに示した状態まで、移行させることを示す。

下唇にスプーンを軽く触れる。口を開けたら下唇の中心にスプーンのボウル部を置く。上唇が下りてくるのを待ち、上唇が閉じたらスプーンをまっすぐ引き抜くように与える。この食事の与え方は、離乳期全般で必要である。

口を開けたときに、舌と床が水平になるように乳幼児の姿勢を少し後ろに傾ける。

図3－6　生後5、6か月頃の食事の様子と姿勢

③　食事の様子

　図3－6に示すように、背の部分が少し後ろに傾く姿勢で椅子に座らせるか、同様の姿勢で膝に抱いて与える。子どもの下唇の中心にボウル部の浅いスプーンを軽くのせ、子どもが口を開けて、上唇でスプーンの食べ物を自分で口のなかに取り込んだらスプーンをゆっくり引き抜くようにする。子どもが自分で食べ物を口のなかに取り込む練習をし、舌を前から後ろに動かして「ゴックン」と飲み込む練習をする時期である。

生後7、8か月頃

①　食事のリズム

　1日2回の離乳食で、食事のリズムがとれるようにする（図3－7）。2

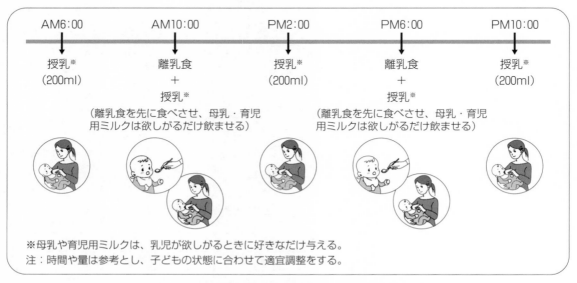

AM6:00	AM10:00	PM2:00	PM6:00	PM10:00
授乳※ （200ml）	離乳食 ＋ 授乳※ （離乳食を先に食べさせ、母乳・育児用ミルクは欲しがるだけ飲ませる）	授乳※ （200ml）	離乳食 ＋ 授乳※ （離乳食を先に食べさせ、母乳・育児用ミルクは欲しがるだけ飲ませる）	授乳※ （200ml）

※母乳や育児用ミルクは、乳児が欲しがるときに好きなだけ与える。
注：時間や量は参考とし、子どもの状態に合わせて適宜調整をする。

図3－7　生後7、8か月頃の授乳と離乳食のリズム例

スプーンの先端部に食べ物をのせて下唇に置く。唇でスプーンの食べ物をこそげとることで、食べ物が舌の前方にのるようにする。食べ物を舌の中心部より後ろに置くと、舌と上顎で押しぶつすことなく嚥下し、丸飲みにつながる。

補助板に足底が着くようにする。

図3－8　生後7、8か月頃の食事の様子と姿勢

回目の離乳食の時間に決まりはないが、夕方の授乳に合わせると、大人の食事に合わせることができ、離乳食をつくるのに便利である。子どもの食欲は日によっても、子どもによっても違うので、時間や量の目安にこだわり過ぎないようにする。

② 食事の目安と進め方

　1日に必要な栄養量の30～40％くらいを離乳食からとるようになる。いろいろな食品のおいしさを知ってもらうために、食事量が少なくても、1回の食事には穀類・たんぱく質類・野菜や果物類を組み合わせて入れるようにする。これにより栄養バランスもとれる（表3－7）。

③ 食事の様子

　舌が上下に動くようになることから、豆腐程度のかたさの食べ物を舌で上あごに押しつけてつぶして食べることができる。押しつぶしながら食べるための力が必要となるため、図3－8に示すように、子どもの両足裏が床に着くような安定した姿勢がよい。唇も左右に伸びたり縮んだりして、モグモグしているようにみえるようになる。

　上唇の機能が発達し、スプーンの上の食物を取り込むことができるようになる。舌の前方部で食物が取り込めるようにスプーンを口元にもっていく。子どものペースに合わせて急がずにスプーンを口元にもっていく。口のなかに食物があるうちに次のスプーンを進めると、つぶさずに丸飲みする習慣がつく恐れがある。

生後9～11か月頃

① 食事のリズム

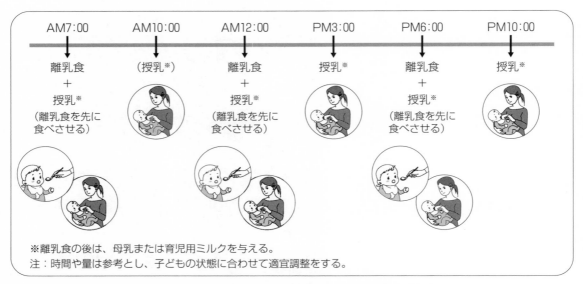

図3-9　生後9〜11か月頃の授乳と離乳食のリズム例

　図3-9は、大人に合わせた時間の3回食の例である。離乳食を与える時間は、午前10時、午後2時、午後6時などでもよい。
②　食事の目安と進め方
　1日に必要な栄養量の50〜65%を離乳食からとるようになる。食べられる食品や調理方法も増え（表3-7）、ほぼ幼児食と同様なものが食べられるようになるが、かたさはこれまでと同様に配慮が必要である。1食に主食・主菜・副菜をそろえ、栄養バランスの整った食事にする（表3-7）。この時期はまだ、食事のみでは1日に必要な栄養量を摂取できないため、離乳食のほかに母乳や育児用ミルクを与える。水・お茶はコップから飲めるように介助し、使いはじめるとよい。
③　食事の様子
　舌が左右にも動くようになる。前歯は4〜6本生えているが、奥歯はまだ生えていない。しかし、舌で奥の歯茎に食べ物をもっていくことができる。歯茎でつぶせるかたさの食べ物を与える（表3-7）。口を閉じたまま歯茎で食べ物をかむようにつぶせるので、唇も左右に動いて片方に寄ったり、上下によじれるようになる。
　咀しゃく機能の獲得のための重要な練習時期である。与える食べ物が小さすぎたりやわらかすぎても、大きすぎたりかたすぎても、つぶさずに飲み込んでしまう恐れがあり、それでは咀しゃくが学習できない。咀しゃくを身につけるためにも子どもの歯の生え具合や舌の動きといった口腔機能の発達に応じた形態の食べ物を与えるようにする。介助用のスプーンはボウル部分が

図3－10　生後9～11か月頃の食事の様子と姿勢

やや深めのものを使用し、口唇の力もつける。

　自分で食べる最初の行為である手づかみ食べがみられはじめる。手づかみで直接食べ物を触ることで、食べ物の大きさや感触などを認識する。食べ物を口まで運び、前歯でかじりとるようにさせることで、咀しゃくのための自分の一口量を学習する。食べ物を、子どもが手に持って食べることができる形態にすることは、咀しゃく機能の発達を促すだけでなく、食べ物への興味や食べる意欲を引き出すことへもつながる。

　また、食具を自分で持ちたがる場合は、介助用とは別のスプーンを持たせる（これは食べるために使うものではない）。

　自分で食べる行為がはじまるので、食事の姿勢は図3－10のように子どもの手が届くテーブルで、体がやや前傾した姿勢がとれるように椅子とテーブルの位置関係を調整する。

生後12～18か月頃（離乳完了期）

① 食事のリズム

　図3－11の例のように、1日3回の食事を大切にしながら食事と食事の間におやつ（補食）を与える。おやつを含めた食事のリズムを整えることは、生活リズムの確立につながる。また、家族と一緒の食卓を囲むことで、食べる意欲や摂食機能も発達する。

② 食事の目安と進め方

　1日に必要な栄養量のほとんどを3回の食事と2回のおやつからとるようになる。食べられる食品や調理方法（表3－7）も、ほぼ大人と同様なものが食べられるようになるが、かたさや味の濃さは離乳完了期前と同様に配慮が必要である。主食・主菜・副菜の整った、栄養バランスのよい献立にする。

　この時期はまだ、食事のみでは1日に必要な栄養量を摂取できないため、

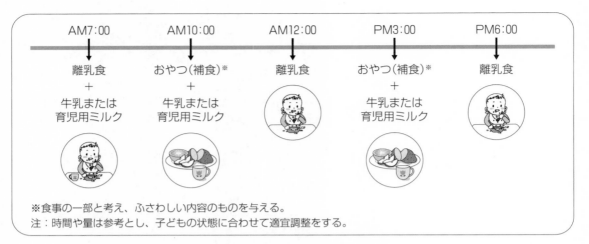

図3−11　離乳完了期の食事のリズム例

食事と食事の間におやつが必要となる。おやつは食事の一部と考えて、食事
で不足している食品を与える。牛乳などと組み合わせて与えるとよい。フォ
ローアップミルクは、離乳食が順調に進んでいれば必要ない。水分補給は水・
お茶にする。

③　食事の様子

　舌は前後、上下、左右に動くようになる。前歯は上下各4〜6本生え、奥
歯は1歳4、5か月頃から1歳6か月頃に生えはじめる。奥歯は生えそろっ
ていないので、歯茎でかめるくらいのかたさに調理した食べ物を与える（表
3−7）。

　食具を使用した食事動作の基本を身につけるために、手づかみ食べは十分
に行わせる。そのために、食べ物のかたさへの配慮のほかに、手づかみした
大きな食品を前歯でかじり取らせることにより、歯を使う感覚を養うように
する。手づかみした食品を前歯を使い、自分の一口量をかじり取り、奥歯で
よくかんで、唾液と混ぜ合わせて食塊にして飲み込む、という一連の咀しゃ
く機能を獲得させる。

　スプーンを持ちたがる場合は持たせるが、手づかみ食べが中心となる。ま
た、コップが使えるようになるので、哺乳びんの使用は咀しゃく機能の発達
を妨げるなどのマイナス要因になるため中止する。

　自分で食べる行為が盛んになるため、食事の姿勢は図3−12のように子ど
もの上体と高さの目安として、足底が床または椅子の補助板に着く姿勢で、
椅子に垂直に座り、上腕を体から少し離したときに肘の関節がテーブルにつ
くくらいの高さに調節するとよい。

・テーブルにひじがつく。
・足底全体が床、もしくは補助板にしっかり着くように調節する。
・臀部は椅子の座面で安定している。
・テーブルと体の間に握りこぶし一つ分あいている。
以上のような姿勢をとることで、テーブルの上の食事を見ることができ、両手を自由に使い捕食し、咀しゃく、嚥下を無理なく行うことができる。

図3－12　生後12〜18か月頃（離乳完了期）の食事の様子と姿勢

離乳の完了

　離乳の完了とは、形のある食物をかみつぶすことができるようになり、エネルギーや栄養素の大部分が、母乳または育児用ミルク以外の食物からとれるようになった状態をいう。その時期は生後12〜18か月頃である。そして、

- ・　食事は1日3回となる。
- ・　食事のほかに1日1〜2回の間食（おやつ）をとる。
- ・　母乳または育児用ミルクは子ども一人ひとりの離乳の進行および完了の状況に応じて与える。

といった状況になっていくことが離乳の完了である。なお、離乳の完了は母乳または育児用ミルクを飲んでいない状態を意味するわけではない。

　咀しゃく機能は、乳歯がすべて生えそろう3歳頃までに獲得される。

(4)　離乳食の留意点

食品・食品形態

　離乳の進行状況に応じて、加熱して食べやすく、消化しやすくしたものを与える。

　開始のときは、消化のよい米やじゃがいもなどのでんぷん質の多い食品からはじめる。次に、野菜や果物を与え、慣れてきたら豆腐や白身魚などのたんぱく質を多く含む食品を与える。表3－7に示したように、食品の種類や調理方法を子どもの消化機能や摂食機能に合わせて増やしていく。

　生後9か月以降は、鉄が不足しやすくなるため、赤身の肉・魚、レバー（ベ

ビーフードを利用するのもよい）、緑黄色野菜を積極的に使用する。育児用ミルクやフォローアップミルクには鉄が含まれているため、食材として利用するのもよい。

また、自己判断でアレルギーの予防として特定の食品を与えないことは、発育・発達の著しい乳幼児の栄養摂取量が不足することになる。アレルギーの心配があるときは必ず医師に相談する。

食品は鮮度のよいものを用いる。加工食品は食品表示を確認し、添加物が極力含まれていないものを選ぶ。消費期限・賞味期限は確認する。

味つけ

母乳や育児用ミルク、離乳食の食品には塩分が含まれている。母乳や育児用ミルクをよく飲み、離乳食もよく食べている場合、生理的に必要な塩分は十分とれている。そのため、どの進行状況の離乳食においても意識して味つけをする必要はない。しかし、離乳食をあまり食べない子どもに、味つけをするとよく食べる場合がある。その場合は、塩分濃度を0.5％以下（WHO/FAO勧告）にする。甘味についての定めは特にないが、1〜3％が望ましい。

味覚の形成の基礎は離乳食にあるともいえる。生活習慣病予防のためにも、離乳期から薄味への配慮が必要である。

食品衛生

*11　食中毒予防の3原則
食中毒予防の3原則について、詳しくは、第1章1(4) (p.15) を参照。

乳児は身体の諸機能が未発達であり、免疫機能や消化酵素も不十分である。そのため、抵抗力が弱く、食中毒を発症しやすいうえ重症になりやすい。調理者自身の健康状態に注意し、食中毒予防の3原則*11を守るようにする。これは食事介助のみを行う保育者などの場合も同様に守らなくてはならない。

離乳食は水分含量が多く、栄養価も高い。さらに、つぶしたり刻んだりするので、細菌が繁殖しやすい。手早く加熱調理し、速やかに与えるようにする。食べ残しは処分し、調理直後に清潔な状態で保存する際は、すぐに冷却する。冷蔵や冷凍をしても菌は死滅しないため、冷蔵庫や冷凍庫を過信しないようにする。

与えてはいけない食品

はちみつや黒砂糖にはボツリヌス菌の芽胞（がほう）が入っており、乳児ボツリヌス症を起こす場合がある。そのため、1歳未満の乳児には与えてはいけない。

また、牛乳も1歳未満児に飲用として与えてはいけない。牛乳を飲用として摂取した場合、乳児の消化や代謝能力を超えた量を摂取することにつながりかねない。しかし、7、8か月頃からは、ヨーグルトと同様に離乳食の食材として利用しても問題ない。

家族の食事からの取り分け

　家族の食事の材料を利用し、調理途中や出来あがりの料理を子ども用に取り分けて、味つけやかたさを調節するなどの工夫で調理法や献立も多様になる。また、食事をつくる手間も省くことができる。

　家族の食事から離乳食用に取り分けて調理する際、料理や栄養バランスを配慮し、季節の食材などさまざまな食材が食卓にあがる献立が望ましい。

　さらに、家族全員の食事の味つけも薄味を心がけ、家族の食事から離乳食を取り分けることで、家族全員の食事が減塩となり健康増進につながる。

(5)　ベビーフード

ベビーフードとは

　ベビーフードとは、離乳期の栄養補給を目的に市販されている加工食品の離乳食である。ベビーフードの安全性や品質を確保するため、1996(平成8)年に厚生省（現・厚生労働省）により「ベビーフード指針」がまとめられ、国内のメーカーは、この指針の基準に基づき製造したベビーフードを市販している[12]。

ベビーフードの種類

　日本では500種類以上のベビーフードが市販されているが、以下の2種類に大別される。

① 　ウエットタイプ

　レトルト食品やびん詰めなどの液状または半固形状のものがある。

② 　ドライタイプ

　水や湯を加えてもとの形状にして食べるタイプ。粉末状、顆粒状、固形状のものがある。

ベビーフードの品質

　ベビーフードは、薄味とかたさへの配慮がなされている。

① 　ナトリウム含有量

　乳児用のベビーフードのナトリウム含有量は100gあたり200mg以下（塩分約0.5％以下）、幼児用は100gあたり300mg以下（塩分約0.7％以下）である。

② 　状態

　食べるときの物性は、「均一の液状」「なめらかにすりつぶした状態」「舌でつぶせるかたさ」「歯茎でつぶせるかたさ」「歯茎でかめるかたさ」のいずれかの状態で、発育や離乳の段階に応じている。

[12]
ベビーフードのラベルには「食品又は名称」「原材料名」「内容量」「賞味期限」「保存方法」「対象時期」「物性（固さ）」などが表示されている。2012（平成24）年8月より、放射線物質に対する安全性の観点から、乳児用食品が「乳児用規格適用」である旨の表示が義務づけられた。

表3－8　ベビーフードの利点と問題点

利点	課題
①単品で用いるほかに、手づくりの離乳食と併用すると食品数や調理形態も豊かになる。	①多種類の食材を使用した製品は、それぞれの味やかたさが体験しにくい。
②月齢に合わせて粘度やかたさ、そして粒の大きさなどが調整されているため、離乳食を手づくりする際の見本となる。	②ベビーフードのみで１食をそろえた場合、栄養素などのバランスがとりにくい場合がある。
③製品の外箱などに離乳食のメニューが提案されているものもあり、離乳食の取り合わせの参考にもなる。	③製品によっては、子どもの咀しゃく機能に対してかたすぎたり、やわらかすぎることもある。

出典：厚生労働省「授乳・離乳の支援ガイド（2019年改定版）」2019年　p.35

ベビーフードの利点と問題点

　ベビーフードは常温で長期保存が可能なうえ、食品添加物や保存料は使用されていない。離乳食づくりを負担に思っている養育者も多いことから、近年、ベビーフードの利用者は増加している。ベビーフードの利点と問題点は表３－８のとおりである。

ベビーフードの利用にあたって

　「授乳・離乳の支援ガイド」において、ベビーフードを利用するときの留意点として下記の５点が示されている。ベビーフードの使用には、ベビーフードについての知識や適切な利用方法を心得ておきたい。

ベビーフードを利用するときの留意点

◆子どもの月齢や固さのあったものを選び、与える前には一口食べて確認を
　子どもに与える前に一口食べてみて、味や固さを確認するとともに、温めて与える場合には熱すぎないように温度を確かめる。子どもの食べ方をみて、固さ等が適切かを確認。

◆離乳食を手づくりする際の参考に
　ベビーフードの食材の大きさ、固さ、とろみ、味つけ等が離乳食を手づくりする際の参考に。

◆用途にあわせて上手に選択を
　そのまま主食やおかずとして与えられるもの、調理しにくい素材を下ごしらえしたもの、家庭で準備した食材を味つけするための調味ソースなど、用途にあわせて種類も多様。外出や旅行のとき、時間のないとき、メニューを一品増やす、メニューに変化をつけるときなど、用途に応じて選択する。不足しがちな鉄分の補給源として、レバーなどを取り入れた製品の利用も可能。

◆料理名や原材料が偏らないように
　離乳食が進み、２回食になったら、ごはんやめん類などの「主食」、野菜を使った「副菜」と果物、たんぱく質性食品の入った「主菜」がそろう食事内容にする。ベビーフードを利用するに当たっては、品名や原材料を確認して、主食を主とした製品を使う場合には、野菜やたんぱく質性食品の入ったおかずや、果物を添えるなどの工夫を。

◆開封後の保存には注意して。食べ残しや作りおきは与えない
　乾燥品は、開封後の吸湿性が高いため使い切りタイプの小袋になっているものが多い。びん詰やレトルト製品は、開封後はすぐに与える。与える前に別の器に移して冷凍または冷蔵で保存することもできる。食品表示をよく読んで適切な使用を。衛生面の観点から、食べ残しや作りおきは与えない。

出典：厚生労働省「授乳・離乳の支援ガイド（2019年改定版）」2019年　p.35

4　学童期の食生活

(1)　食行動の発達の特徴

　学童期（6～11歳）は、食事の機能やリズムを確立し、保護者に依存した食生活から自己選択による食行動へと変化する時期である。学童期前半は、幼児期と同様に自己中心的に物事を判断する部分が残り、家族に依存した食生活が主となるが、学童期後半になると理解力や周囲を客観的にみることができるようになり、自立した食行動を行う姿もみられる。さらに行動範囲が広がることにより、他者とのかかわりも増え、社会性が発達する。この時期は、生涯の食に関する自己管理能力の基礎力を養う時期となる。

(2)　食生活の変化・発達に伴う課題

食生活の変化に伴う課題

① 食生活リズムの乱れ

　近年、大人の夜型生活が子どもにも影響し就寝時刻が遅くなるなど、子どもの生活も乱れやすくなっている。このような生活が続くと、夜遅い時間の食事や間食など食事の時間帯が不規則になりやすい。さらに、夕食から就寝までの間で夜食を週に4～5回以上とる割合は20％以上であり、その内容はアイスクリームやスナック菓子が多い[1]。夜間はエネルギーの消費量が低い。夜食として摂取する菓子類は糖質と脂質が多く、翌朝の食事摂取に影響を及ぼすほか、エネルギー摂取量の増加に起因する肥満の原因ともなりやすい。

② 食行動の変化

　大人の生活からの影響とは別に、学童期後半は学校生活に加え、子ども自身も習い事・塾などに通う割合が高くなり、規則正しいリズムでの食事が難しい場面も出てくる。小学6年生の通塾率は4割に達するという報告[2]もあり、昼食・夕食間の軽食や夜遅い食事が必要となる。食事内容は、弁当やコンビニエンスストアで購入した食品などで、摂取する食品を自ら選択する場面が増えてくる。この場合、栄養バランスよりも自分の嗜好中心の食品選択になりやすく、栄養素の偏りが懸念される。

身体・精神面での発達による課題

① 身長・体重

　学童期の身長・体重は表3－9に示すとおりで、学童期6年間で身長が平

表 3 - 9　学童期の身長・体重の平均値

年齢 (歳)	身長（cm）		体重（kg）		ローレル指数	
	男	女	男	女	男	女
6	116.5	115.6	21.4	20.9	135	135
7	122.5	121.5	24.1	23.5	131	131
8	128.1	127.3	27.2	26.4	129	128
9	133.7	133.4	30.7	30.0	128	126
10	138.8	140.1	34.1	34.1	128	124
11	145.2	146.8	38.4	39.1	125	124

出典：文部科学省「平成30年度　学校保健統計調査」2019年

均30cm、体重は18kg程度増加する第2急伸期である。第2期急伸期は女児のほうが早くはじまり、体重は9歳頃、体重は10歳頃から女児が男児を上回る。また、身体の成長とともに骨量も変化する。学童期は、骨量を著しく増やすための時期でもある。

② 第二次性徴

　第二次性徴がはじまるのは、学童期後半である。発現時期は女児のほうが早く、9～10歳にかけてはじまり、男児は2歳程度遅れてはじまる。第二次性徴がはじまる時期は個人差があり、形態的・内面的にも男性・女性の特徴が現れる。男児では、声変わり、咽頭隆起、ひげの発生、臍を頂点とした陰毛発生、胸毛発生など、女児では、乳房の発育、逆三角形の陰毛発生・皮下脂肪沈着などである。この時期は、心と身体のバランスがくずれやすく、情緒不安定な場面もみられ、バランスのよい食生活が必要となる。

③ ダイエット志向

　学童期後期の女児は容姿が気になり、瘦身を望む傾向が出始める[3]。この願望が強いと誤ったダイエットや食事制限を行い、健康を阻害する可能性もある。この時期は、身体の急激な発達や生理による失血もあり、鉄欠乏性貧血[*13]や骨密度[*14]の低下なども起こしやすい。

④ 口腔環境

　永久歯は、12～13歳頃までにほぼ生えそろう。この時期に、口唇や舌など口腔全体を使うこと、切歯・臼歯を使う正しいかみ方を獲得しないと口蓋の発達がきちんと行われず、かみ方を覚えないまま成人へと移行する可能性がある。かむことは唾液の分泌、姿勢、あごのゆがみなどに影響を及ぼすことが考えられる。

＊13　鉄欠乏性貧血
体内の鉄が欠乏し、ヘモグロビン合成が障害されることで起きる小球性低色素性貧血をいう。食事からの鉄摂取量の不足、幼児期や思春期の急激な成長に伴う鉄需要の増加、月経などによる鉄の損失が発症の要因である。

＊14　骨密度
骨を構成しているカルシウムをはじめとしたミネラル類がどれくらい詰まっているかを表すもので、骨の強さを示す指標である。

(3)　食習慣

朝食の欠食

　成長期である学童期にとって規則正しい生活リズム・食生活は基本であり、健康増進の原点ともいえる。しかし、夜型生活が定着し就寝時間が遅くなっていることや、朝食を食べる時間がないなどの理由から、若い世代の欠食率が増加している[*15]。朝食欠食がある割合は、小学 6 年生が5.5％、中学 3 年生が8.0％と報告されている[4]。若い年代の朝食欠食の習慣化は、小学生の頃からはじまっている（図 3 − 13）。朝食欠食により、エネルギー不足になるだけでなく、栄養バランスが崩れる、ブドウ糖が脳に十分に供給されず集中力が低下する、体温が上がらず身体活動が低下する、疲れやすいなどの不定愁訴[*16]を呈するなど、多くの弊害が出てくることがある。

　また、毎日、同じくらいの時刻に起きていない・寝ていない小・中学生ほど朝食欠食率が高い傾向にあることが報告されている[5]。朝食の重要性を再認識し、生活リズムを整えながら、主食のみの朝食ではなく、おかずの整った食事をとるように取り組むことが重要である。

間　食

　学童期の間食は、幼児期のように 1 日に必要な栄養素等を 3 回の食事で摂取できない場合にとるというものとは違い、学校生活終了後の空腹、塾・習い事などの活動や気分転換のためということが多いため、その内容と摂取す

*15
朝食については、第 6 章 1 (2)（p.146）を参照。

*16　不定愁訴
特定の病気としてまとめられない漠然とした体の不調の訴えをいう。頭が重い、肩がこる、イライラするというような訴えがあてはまる。

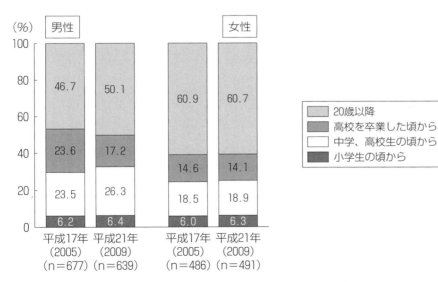

図 3 − 13　朝食欠食がはじまった時期（20歳以上）
出典：厚生労働省『平成28年 食育白書』2017年　p.62

る時間を考える必要がある。日本スポーツ振興センターの「平成22年度児童
生徒の食事状況等調査報告書」では、週に4～5回以上夕食までに間食をす
る割合は50%である[6]。間食の内容はスナック菓子などで、そのほとんどが
菓子類である。スナック菓子は、脂質、糖質、塩分が多く、夕食の摂取量に
影響を及ぼすだけでなく、エネルギーの過剰摂取につながる。間食は、日常
の食事ではとりにくい果物や乳製品などにして、食品で1日の総エネルギー
の10～15%に抑え、食事に影響を及ぼさない程度の量にするべきである[*17]。

*17
間食（おやつ）について
は、第6章1⑵(p.147)
を参照。

偏　食

　幼児期から引き続き、食べ物の好き嫌いが現れるが、学童期に入り偏った
食事を続けることは、栄養不足や過剰な栄養状態になりやすいなど問題が生
じる。嗜好に任せた食事や間食をせず、さまざまな食品を取り入れることが
必要である。

肥　満

*18
肥満については、第5
章1（p.123）を参照。

　低学年と高学年を比較すると、肥満傾向児の割合は高学年のほうが高く、
その傾向は男児のほうが顕著である（表3－10)[*18]。肥満の要因となる項目
は、朝食欠食にみられるような1日の食事のリズムの崩れ、間食・偏食によ
る栄養バランスの偏り、エネルギーの過剰摂取である。また、外で活動する
機会が減少し、男児は室内でゲーム、女児は読書など室内で過ごす時間が増

表3－10　年齢別　肥満傾向児および痩身傾向児の出現率

区分		男子		女子	
		肥満傾向児	痩身傾向児	肥満傾向児	痩身傾向児
幼稚園	5歳	2.58	0.27	2.71	0.35
小学校	6歳	4.51	0.31	4.47	0.63
	7歳	6.23	0.39	5.53	0.53
	8歳	7.76	0.95	6.41	1.19
	9歳	9.53	1.71	7.69	1.69
	10歳	10.11	2.87	7.82	2.65
	11歳	10.01	3.16	8.79	2.93
中学校	12歳	10.60	2.79	8.45	4.18
	13歳	8.73	2.21	7.37	3.32
	14歳	8.36	2.18	7.22	2.78
高等学校	15歳	11.01	3.24	8.35	2.22
	16歳	10.57	2.78	6.93	2.00
	17歳	10.48	2.38	7.94	1.57

出典：文部科学省「平成30年度　学校保健統計調査」2019年

表3－11　小児期メタボリックシンドローム診断基準（6～15歳）

①腹囲	●80cm以上 ・腹囲/身長が0.5以上であれば80cm以上 ・小学生では75cm以上
②血清脂質	●中性脂肪：120mg/dL以上かつ/またはHDL－コレステロール　40mg/dL未満
③血圧	●収縮期血圧：125mmHg　かつ/または拡張期血圧：70mmHg
④空腹時血糖	●100mg/dL以上

①があり、②～④のうち2項目を有する場合にメタボリックシンドロームとする。
出典：厚生労働省「小児期メタボリックシンドローム診断基準（6～15歳）」

加しており[7]、活動量低下によるエネルギー消費不足も肥満の原因になりやすい。

　学童期の肥満は、思春期、成人の肥満につながり、生活習慣病の温床になると考えられている[8]。肥満傾向児の増加から、2007（平成18）年には厚生労働省研究班から「小児期メタボリックシンドローム診断基準（6～15歳）」（表3－11）が示されている。肥満は早い段階で生活および食事内容を是正することにより改善される。

(4)　食卓の意義

　近年、「共食」の意味が見直されている[*19]。子どもを取り巻く家庭環境や食環境から孤食（個食）がみられる。その要因として、母親の就労や家族形態の多様化、近隣の地域住民間の関係の希薄化など、従来の家族概念の変化、食の外部化、総菜・調理済み食品などの中食の利用率の増加、家庭内調理の簡略化などがあげられる。

　孤食をする小学生は朝食で19.6％、夕食で4.2％、中学生は朝食で49.0％、夕食で20.0％であり[9]、「健康日本21」[*20]では、共食の増加を目標として掲げている。1人での食事は、食欲もわかず、摂取する食品数が少なく、結果的に栄養量が充足できない。

　学童期における共食は、食事のあり方を学び、調理方法や味つけ、食事のマナー、地域の食文化、食事をつくる経験など空腹を満たすだけのものではなく、さまざまな事柄を学ぶ機会であり、その利点は図3－14に示すとおりである。

　最小単位の社会である家族で経験する共食の経験は、成人してからの食生活の基本となることは明らかであり、共食の重要性を認識し、豊かで健康な

*19
共食については、第4章3(1)(p.113)を参照。

*20　健康日本21
生活習慣病を予防し、健康寿命を延ばすために、2000（平成12）年より厚生省（現・厚生労働省）が行っている「21世紀における国民健康づくり運動」をいう。2013（平成25）年からは新たな課題をふまえ、健康日本21（第二次）が実施されている。

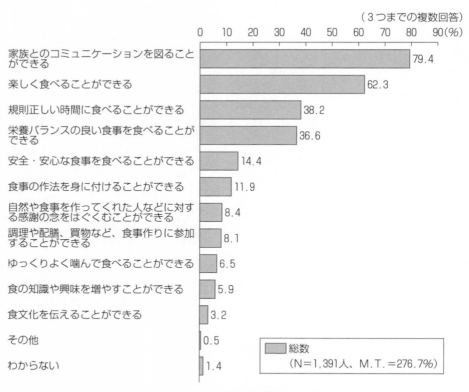

（3つまでの複数回答）

家族とのコミュニケーションを図ることができる 79.4
楽しく食べることができる 62.3
規則正しい時間に食べることができる 38.2
栄養バランスの良い食事を食べることができる 36.6
安全・安心な食事を食べることができる 14.4
食事の作法を身に付けることができる 11.9
自然や食事を作ってくれた人などに対する感謝の念をはぐくむことができる 8.4
調理や配膳、買物など、食事作りに参加することができる 8.1
ゆっくりよく噛んで食べることができる 6.5
食の知識や興味を増やすことができる 5.9
食文化を伝えることができる 3.2
その他 0.5
わからない 1.4

総数
（N＝1,391人、M.T.＝276.7%）

図3－14　家族と一緒に食べることの良い点
出典：農林水産省「食育に関する意識調査報告書」2018年

食生活が営めるよう指導をする必要がある。

【初出一覧】
■第1節・第2節　宮寺里香「乳児期の特徴」「乳汁期の栄養・食生活」岩田章子・寺嶋昌代編『新版 子どもの食と栄養』みらい　2018年　pp.74－91（第4章第1節・第2節）
■第3節　島本和恵「離乳期の栄養・食生活」岩田章子・寺嶋昌代編『新版 子どもの食と栄養』みらい　2018年　pp.91－105（第4章第3節）
■第4節　西脇泰子「学童期の食生活」岩田章子・寺嶋昌代編『新版 子どもの食と栄養』みらい　2018年　pp.139－145（第6章第1節）

【引用文献】
1）日本スポーツ振興センター「平成22年度　児童生徒の食事状況調査報告書［食生活実態編］」2012年　pp.308－309
2）文部科学省「子どもの学校外での学習活動に関する実態調査報告（平成20年8月）」2018年　pp.6－7
3）日本学校保健会「平成28〜29年度 児童生徒の健康状態サーベイランス事業報告書」

2018年　p.69
4）農林水産省『平成30年度　食育白書』2019年　p.19
5）同上書　p.20
6）前掲書1）p.305
7）前掲書3）pp.82－84
8）朝山光太郎ほか「小児肥満症の判定基準—小児適正体格検討委員会よりの提言」『肥満研究』Vol. 8 No 2　日本肥満学会　2002年　pp.96－103
9）前掲書3）pp.60－61

【参考文献】
厚生労働省「授乳・離乳の支援ガイド（2019年改定版）」2019年
平山宗宏編『小児保健』日本小児医事出版　1996年
厚生労働省『母子保健情報』第45号・第47号　母子愛育会　2003年
厚生労働省「日本人の食事摂取基準（2020年版）」策定検討会報告書　2019年
小児科と小児歯科の保健検討委員会『小児歯科学』医歯薬出版　2005年
小島友紀・島本和恵『保育の現場で役立つ子どもの食と栄養』アイ・ケイコーポレーション　2017年
大澤清二「子どもの発育の現状の分析——幼児期の発育が日本人の大型化をもたらした」『母子保健情報』第65巻7号　母子愛育会　2012年
島本和恵ほか「乳幼児期の飲料摂取と母親の飲料に対する意識との関連」『日本栄養士会雑誌』第59巻9号　日本栄養士会　2016年

第4章

食育の基本と内容

1 食育の基本

(1) 食育とは

　食育とは、国民一人ひとりが生涯を通じて健全で安心な食生活が実現できるよう自ら食を選ぶことのできる能力を育てることである。したがって食育は、家庭、保育所、学校、地域とあらゆる場所で一生続く取り組みである。現代においては、食を大切にする心の欠如、栄養バランスの偏った食事、生活習慣病の増加、食の安全上の問題、伝統的な食文化の消失など、食にかかわるさまざまな不安や問題が生じている。そうした食に関する問題を個人の問題としてだけではなく、日本社会全体の問題としてとらえ、抜本的な対策として強力に食育を推進するために、「食育基本法」が2005（平成17）年に国会で制定された。

　食育基本法は、食に関する教育（食育）に国や自治体が取り組むことを定めたもので、国民一人ひとりが食に関する適切な判断力を身につけ、生活改善につなげることをめざしている。

　食育基本法では、そのなかでも特に子どもたちに対して食の重要性を説いている。その重要性を「子どもたちが豊かな人間性をはぐくみ、生きる力を身に付けていくためには、何よりも『食』が重要である。（中略）食育はあらゆる世代の国民に必要なものであるが、子どもたちに対する食育は、心身の成長及び人格の形成に大きな影響を及ぼし、生涯にわたって健全な心と身体を培い豊かな人間性をはぐくんでいく基礎となる」（前文）と述べられている。

　食育基本法に基づく食育の推進に関する施策を実施するために、2006（平成18）年より、食育の推進に関する基本的な方針や具体的な目標値を定めた「食育推進基本計画」が5年ごとに作成されている。

（2）　保育所における食育

　保育所における食育は、保育所保育指針に沿って行われる。保育所保育指針は、約10年に一度改定されているが、2017（平成29）年度に告示された保育所保育指針（平成30年度より施行）においても、食育は引き続き保育の一環として重要であるとされている。同指針のなかで「食育の推進」として、①保育所の特性を生かした食育、②食育の環境の整備等の２つが示されている。

---

①　保育所の特性を生かした食育
・保育所における食育は、健康な生活の基本としての「食を営む力」の育成に向け、その基礎を培うことを目標とすること。
・子どもが生活と遊びの中で、意欲をもって食に関わる体験を積み重ね、食べることを楽しみ、食事を楽しみ合う子どもに成長していくことを期待するものであること。
・乳幼児期にふさわしい食生活が展開され、適切な援助が行われるよう、食事の提供を含む食育計画を全体的な計画に基づいて作成し、その評価及び改善に努めること。栄養士が配置されている場合は、専門性を生かした対応を図ること。
②　食育の環境の整備等
・子どもが自らの感覚や体験を通して、自然の恵みとしての食材や食の循環・環境への意識、調理する人への感謝の気持ちが育つように、子どもと調理員等との関わりや、調理室など食に関わる保育環境に配慮すること。
・保護者や地域の多様な関係者との連携及び協働の下で、食に関する取組が進められること。また、市町村の支援の下に、地域の関係機関等との日常的な連携を図り、必要な協力が得られるように努めること。
・体調不良、食物アレルギー、障害のある子どもなど、一人一人の子どもの心身の状態等に応じ、嘱託医、かかりつけ医等の指示や協力の下に適切に対応すること。栄養士が配置されている場合は、専門性を生かした対応を図ること。

　現在、これらの保育所における食育は、第３次食育推進基本計画[*1]に従って行うことが求められている。

　第３次食育推進基本計画の重点課題は、①若い世代を中心とした食育の推進、②多様な暮らしに対応した食育の推進、③健康寿命の延伸につながる食育の推進、④食の循環や環境を意識した食育の推進、⑤食文化の継承に向けた食育の推進の５つである。

　前記の内容をふまえて2016（平成28）年４月には、厚生労働省から各都道府県・政令指定都市・中核市の児童福祉主幹部長宛に「『第３次食育推進基本計画』に基づく保育所における食育の推進について」という通知が出された。それによると保育所では食育の計画の見直しが必要であり、乳幼児期にふさわしい食生活が展開されるように食事の提供を含む食育の計画を作成し、保育の計画に位置づけ、その評価および改善に努めることが求められている。

　また、保育所における食育の取り組みの推進については、第３次食育推進

＊１　第３次食育推進基本計画
食育推進基本計画とは、食育基本法に基づいて、食育の推進に関する基本的な方針や目標を定めたもので、第３次（2016〜2020年度までの５年間）では、５つの重点課題が柱とされている。

基本計画の重点課題である「多様な暮らしに対応した食育の推進」および「食の循環や環境を意識した食育の推進」「食文化の継承に向けた食育の推進」を取り上げ、保育所において、施設長、保育士、栄養士、調理員などの協力のもと、各地域や施設の特性に応じた食育の取り組みを求めている。

多様な暮らしに対応した食育の推進
　「保育所における食育に関する指針」を活用し、家庭や地域とも連携して楽しく食に関する体験ができるようにする。また、保育園児やその保護者ばかりでなく、地域の子育て家庭からの乳幼児の食に関する相談に応じ、情報提供も行う。さらに健全な食生活を送ることが難しい子どもの存在にも配慮する。

食の循環や環境を意識した食育の推進
　食に対する感謝の念や理解を深めていくため、生産から消費までの一連の食の循環を体験を通じて意識できるように工夫する。また食事の提供では「もったいない」という精神で食べ物を無駄にせず、食品ロスの削減などに取り組むなど、環境にも配慮した取り組みを行う。

食文化の継承に向けた食育の推進
　日本の食文化が保護・継承されるよう、保育所や地域の行事に合わせた行事食を提供する。郷土料理、伝統食材、行事の作法など、伝統的な食文化に関心や理解が深まる体験や保護者への情報提供も行う。次世代を担う子どもたちには日本の食文化を守り、継承していくことが求められるので、保育士は自らが日本の食文化を理解し、子どもに積極的に伝える必要がある。

　食育の推進のためには、保育所ばかりでなく、地方公共団体、教育関係者、農林漁業者、食品関連事業者、ボランティアなど、食育にかかわる多様な関係者の連携・協力の強化による取り組みが必要とされている。

　図4-1は、保育所をとりまく地域の関連機関の関係を示したものである。保育所を中心に各機関がつながっているが、各機関同士も相互に関連をもち、情報を共有している。

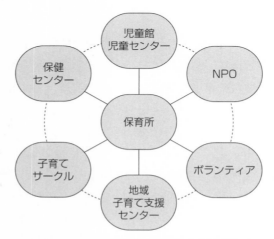

図4-1　保育所をとりまく地域の関連機関

2　食育の計画および評価

(1)　食育の計画

　「食育の計画」は単に食事の提供だけではなく、保育所における保育活動のなかのひとつとして統合的にとらえることが重要である。そのためには保育所における食育の計画を進める前に、計画の基本として、保育所の全職員が食育の進め方を考えることや、食育の計画の基本的な考え方を共有し、理解することが大切となる。

　ここでは、食育の組み込まれた「全体的な計画」（表4－1）と、全体的な計画を具体化した「指導計画」（表4－2）、食育の部分についてさらに詳細に示した食育計画（表4－3）の記入例を示す。

(2)　食育計画の評価

　食育計画はそれを実行した後、必ず評価が必要である。評価は子どもの評価ばかりではなく、保育士自身の自己評価も大切である。

　食育計画は一度作成したら、そのままにせず、絶えず子どもの様子をみながら、子どもの姿に沿った、よりよい計画に改善することが求められる。それが図4－2に示すPDCAサイクルである。

　全体的な計画、指導計画（食育計画）を立てる（Plan）、それを実践し（Do）、評価し（Check）、改善のための行動を起こす（Action）。

　このPDCAサイクルは、子どもの姿に応じて柔軟に対応し、変更することが大切である。

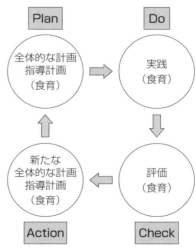

図4－2　PDCAサイクル

表4-1　食育の組み込まれた全体的な計画の記入例

保育理念（事業運営方針）	より良い家庭的関係を支援するため当園を利用される方（子ども・保護者・地域）に最善をつくすことを旨とする。		
保育方針	「広と身体の自立を促す保育」		

☆発達過程とクラスの相関性　6年齢別（1、2歳児含同の5部屋）に園生活を送るが、保育指針の8つの発達段階毎に年間指導計画が作成されている。また、子ども一人一人の成長段階の積み重ね、養護と教育が一体となり保育は展開される。

☆基本的社会的責任　適切な法人施設運営・人権尊重（児童福祉法・地域交流（行事への飛び込み参加・小学校との連携）・個人情報の説明責任（参観日開催おたよりの配布）・個人情報保護（情報セキュリティーポリシー）・苦情処理解決（第三者委員設置）・情報提供
☆小学校との連携　保育要録の送付・小学校等の行事参加・保育体験の受け入れ

保育目標	☆心身ともに豊かな子ども　☆たくましい身体づくり　☆思いやりのあるこども　☆意欲をもつこども　☆自分で考えて行動できる子ども		

☆地域の実態に対応した事業　農村地帯だが、近年勤め先が兼業農家でサラリーマン世帯が増加。希望に応じ延長保育も展開し、地域の子育て支援センターとしての役割やお年寄り中心の地域活動事業にも尽力を入れている。
育児相談事業（情報提供）他
☆地域交流活動事業

☆保育時間　平常保育：7～18時　休日保育：8～17時　延長保育：18～19時
☆主な行事　入園式・誕生会・七夕祭・宿泊保育・夏祭・クッキング教室・園外水泳大会・参観日・英語教室・餅つき・遠足・町民祭・作品展・クリスマス会・卒園式　豆まき・ひな祭

シルバー子育て支援センターNOGI（小規模型）　老人ホーム訪問他

子どもの保育目標	（0歳児）生理的欲求を満たし生活リズムをつかむ。	（2歳児）行動範囲が広がり探究活動が盛んになる。	（4歳児）集団活動の中で意欲的に活動し新しい知識や能力を獲得する。
	（1歳児）未知の世界に興味をもち活発になる。	（3歳児）感情が豊かになり我慢ができるようになる。	（5歳児）感情機能や観察力を発揮する。

年齢	0歳児	1歳児	2歳児	3歳児	4歳児	5歳児
養護　生命の保持	生活リズムの形成や保健的な対応	快適な生活や生理的欲求の充実	自我の育ちや健康状態の把握	基本的生活習慣の確立や個々に応じた援助	生理的欲求の満足や個々や身体の十分な活動	更なる健康増進や子どもの意欲の高まり
養護　情緒の安定	応答的な触れ合いや情緒的な絆の形成	人と物との関わりの理解	自己主張への気付きさらにさにー自己主張の育成	自我を大切にした主体性の育成	探索活動の満足や個々や想像力の豊かさ	心身の満足な発達や活動内容のバランス、調和
教育　健康	歩行の確立など運動機能の充実	個人差への配慮や健康の充実	基本的機能の充実や運動機能の調整	健康な遊びの充実やバランスのとれた運動や休息	生活の場の調整や集団での行動	自主性や自立の育成や病気、予防への関心
教育　人間関係	人との深い関わり	自立心の育成や好奇心の満足	友達との共感や関係構築の質成	道徳性の芽生えや平行遊びの大切さ	愛情と信頼感の深まりや異年齢との関わりの深まり	社会、自然事象への更なる関心
教育　環境	感覚の働きを豊かに、物や人の労働意欲への関心	索敵機能の発達する大人への関わり	自然事象への関心	身近な環境への関心	色形感覚の豊かさや身近な環境への関わりの深まり	数量、図形、標識、文字などへの関心
教育　言葉	喃語や簡単な言葉の理解	喃語の育みや喃語による応答、簡単な言葉の理解	語彙の増加や意思や欲求の満足	言葉の美しさや楽しさの気付き、及び生活で必要な言葉の理解と使用	豊富な言葉の使用や言葉の理解の深まり、広がり	文字伝達の楽しさや気づきや読書への関心
教育　表現	愛着など絆を大事にした表現	色々な素材への興味	生活の流れや季節感の共有	様々な遊具や感動の豊かさ	表現する喜びや感動の共有	豊かな感性による表現
食育　食を営む力の基礎	適切な援助により、食に対する意欲をもつ	様々な食事を楽しむ	様々な食材への興味わらう	食事の大切さを知り得る　※食育が本来、その内容によって養護や教育へ派分けられることが大切である。火災の注意については養護になるが、食材を切ったり型取りしたりすることは表現になるので、それらを分類する必要があるだろう。今回の保育過程では項目として設け、短期計画として振り分けるようにしている。	命と食に関心を持つ	食事と栄養のバランスをとる　例えば、クッキング教室の

健康支援
- 健康状態、発育状態による定期的、継続的な把握
- 年2回の嘱託医による内科検診、歯科検診
- 異常が認められたときの適切な対応
- 年間保健指導計画

環境・衛生管理
- 施設内外の設備、用具等の清潔、消毒
- 子ども及び職員の清潔保持

安全対策　事故防止
- 毎月避難訓練（火災、地震、不審者対応）を実施
- 年2回の消防点検
- 毎月安全点検を実施し、自分の命を守る子どもを育てる

保護者・地域への支援
- 地域子育て支援センターの開設（育児公演、AED講習他）
- 育児講習会の開催
- 年2回の新聞チラシ地域や民生児童委員家庭への送付
- 実習生等の受け入れ

研修計画
- 新保育指針に対応した園内研修を計画実施
- 園外研修への計画的な参加（県外研修含む）
- 園内研修計画（1.保育研修 2.AED研修 3.音楽リズム 4.フレーベル感謝）

特色ある保育
- 合奏大会への取り組み・派遣講師による英会話教室
- フレーベル教育の試み（文字、数名など）
- 園外水泳教室

町への行事参加
- 桜及び前夜祭・町民祭や植樹祭への参加・消防観閲式や幼児教育講座への参加
- いのちの祭協力・防火映画実施

自己評価
- 保育所の評価（全体の反省による保育過程の反映）
- 保育士の評価（自己評価と評価の確立）
- 自己チェックリストの実施や危機管理マニュアルの作成
- 第三者評価の理解

出典：保育総合研究会監修『新保育所指針サポートブック』世界文化社　2009年　pp.20-21

表4-2　食育の組み込まれた指導計画の例（0歳児の年間指導計画案）

A保育園　年間指導計画案（0歳児　ちゅうりっぷ組）

保育目標		生理的欲求を満たし生活リズムをつかむ				園長	主任	担当
年間区分		I期（4月～6月）	II期（7月～9月）	III期（10月～12月）	IV期（1月～3月）			
ねらい（子どもの発達の特性を踏まえた目標）		○一人ひとりの生活リズムを把握し、無理なく新しい環境に慣れさせる。	○一人ひとりの要求や思いを言葉や笑顔で受け止めることにより、大人への信頼感を育てる。	○個人差に留意しながら一人ひとりの発達に合った全身運動が十分にできるようにする。	○一人ひとりの子どもの生理的欲求が満たされるようにし、1歳児クラスの生活リズムへと移行できるようにする。			
養護	生命	○家庭との連絡を密に取りながら子ども一人ひとりの健康状態を把握する。○生理的欲求を満たし気持ちよく生活できるようにする。	○安心できる環境でやさしく声かけしながら子ども一人ひとりの健康状態を把握する。○生理的欲求を満たし気持ちよく生活できるようにする。	○個別懇談や日常の中での保護者との話し合いにより、一人ひとりの発育・発達に応じて運動機能が発達するよう援助する。	○子どもが自分でやりたいという気持ちを受け止め、援助しながら満足感が得られるようにする。			
	情緒	○新しい環境に慣れるまで、できるだけスキンシップを多くし、安心して過ごせるようにする。	○特定の大人と情緒的な絆が深まる一方で、人見知りをする子になるので、不安にならないように、豊かな感情が育つようにする。	○身近な大人や物に興味をもったことを一緒に喜ぶこと、愛されている実感を持てるようにする。	○安心できる大人とのかかわりのなかで、自分の思いを表し受け止めてもらえる安心感をもって園生活を楽しめるようにする。			
教育	健康	○外気に触れる心地よさと、のびのびと手足を動かす楽しさを知る。○愛情豊かな特定の大人と過ごすことを喜ぶ。	○温度・湿度などによる衣服の調節をしてもらい、気持ちよく過ごす。○身近な人との信頼関係を育み、人間関係の基礎を作る。	○安全に配慮してもらいながら体を十分に動かす楽しさを得る。○一人遊びが中心になるが、徐々に友達の存在に気づいていく。	○立つ・つたい歩き等の運動を積極的に行う。○見守られているという安心感の中で、経験を重ねていく。			
	人間関係							
	環境	○散歩などで外に出かけて、色々なものを見る。	○興味を持った好きな遊びに落ち着いて取り組む。	○色々な玩具を自分で選び、遊ぶ。	○異年齢児との交流を喜び、積極的に関わっていく。			
	言葉	○手足や身体にやさしく触れてもらったり、言葉をかけてもらったりして、喃語を発する。	○大人の簡単な言葉を理解し、喃語で伝えようとする。身振りで伝えたり、笑うなどによる気持ちの表現を大人にも表していく。	○わらべうたなどのリズムにのせて歌い、興味をもって簡単なフレーズを覚える。	○保育者の言葉を真似ようとしたり、好きな歌の歌詞の一部等を大きな声で歌ったりする。			
	表現	○音の出る玩具・感触のよいもの等に興味をもつ。	○笑う・笑うなどによる気持ちの表現を大人にも表していく。	○大人の歌に合わせて体を揺らしたり、リズムをとったりする。	○身近な小動物や花に興味を持ち、鳴き声などをまねする。			
食育		○特定の大人との信頼関係の下で心地よく見守られながらミルクを飲む。又は離乳食を食べる。	○一人ひとりの発育・発達状態を把握し、保育及び安全面に十分に配慮する。	○色々な味に慣れ、食事の時間を喜び、自ら進んで食べようとする。	○いろいろな食物に関心をもち、進んで食べようとする。○スプーンを使って食べようとすると意欲を見せる。手づかみでも食べたがる。			
健康・安全（避難訓練・安全教室含む）		○保育士（複数担任）の連携および栄養士・看護師との協力体制をとり、保護及び安全面に十分に配慮する。○避難訓練（毎月）・健康診断（年10回）の結果を［けんこうノート］により知らせる。	○一人ひとりの発育・発達状態を把握し、保護及び安全面に十分に配慮する。					
環境設定		○全身運動ができる遊び場の設定や玩具を用意する。	○散歩や戸外遊びにより自然の中で過ごし地よさを知らせる。	○絵本や紙芝居・わらべうた・玩具等、興味を持ちそうなものを用意し色々な体験をさせる。	○担任以外の保育士や異年齢児との交流の場を設定する。			
配慮事項（適切な援助）		○集団の中でも1対1のスキンシップを大切に心から気持ちが気持ちよく過ごせるようにする。						
保護者等への支援		○保護者の思いを受け止め、「共に育てる」という姿勢を伝える。	○保護者と家庭の双方で快適に過ごせるよう協力を前もって子どもが快適に過ごせるよう努めた。	○子育て支援日に参加してもらい、育児相談や話し相手・親子のスキンシップの支援を行う。	○保護者との信頼関係の下で、子どもの成長を共に喜び合う。			
		○個別懇談会	○保育参観自由参加／夏祭会・親子運動会	○保育所体験事業／クリスマス会	○豆まき会／ひなまつり会			
行事								
保育士の自己評価		○保護者と連絡を密に取り、園と家庭の双方に留意して過ごせるよう努めた。体調を前もって多く見られたため適切に話し合いながら保育を進めるよう配慮した。	○生活リズムを整え、安心して快適に過ごせるよう十分なスキンシップに努めた。より信頼関係を育みながら水遊びなどの夏の遊びも取り入れることができた。	○運動遊びを取り入れたことで十分な全身運動ができた。月齢差や遊びのマンネリ化もあるので、個々に合った遊びのバリエーションを持たせて取り組むように工夫した。	○1歳児クラスの保育士と連携をとりながら少しずつ生活リズムを移行できるような活動ができた。また保育士間で共通の意識を持つことでもっと密に接する為に、話し合いを重ねられた。			

出典：保育総合研究会監修「新保育所指針サポートブック」世界文化社　2009年　p.56

表4－3　食育計画の例

発達過程	子どもの発達と保育をとらえる視点		
	ねらい	内容	配慮事項
①おおむね6か月未満	○お腹がすき、乳（母乳・ミルク）を飲みたい時、飲みたいだけゆったりと飲む	○よく遊び、よく眠る ○お腹がすいたら、泣く	○一人一人の子どもの安定した生活のリズムを大切にしながら、心と体の発達を促すよう配慮する
②おおむね6か月から1歳3か月未満	○お腹がすき、ミルクを飲み、離乳食を喜んで食べ、心地よい生活を味わう	○よく遊び、よく眠り、満足するまでミルクを飲む	○お腹がすき、乳や食べものを催促することが、生きていくことの欲求の表出につながることを踏まえ、いろいろな食べ物に接する機会を持ち、食欲を育むようにする
③おおむね1歳3か月から2歳未満	○お腹がすき、食事を喜んで食べ、心地よい生活を味わう	○よく遊び、よく眠り、食事を楽しむ	○子どもが食べ物に興味を持って、自ら意欲的に食べようとする姿を受け止め、自立心の芽生えを尊重する
④おおむね2歳	○いろいろな種類の食べ物や料理を味わう	○よく遊び、よく眠り、食事を楽しむ	○食べ物に興味を持ち、自主的に食べようとする姿を尊重する。また、いろいろな食べ物に接することができるようにする
⑤おおむね3歳	○できるだけ多くの種類の食べ物や料理を味わう	○好きな食べ物をおいしく食べる	○子どもが遊びや睡眠、排泄などの諸活動をバランスよく展開し、食欲を育むよう配慮する
⑥おおむね4歳	○健康、安全など、食生活に必要な基本的な習慣や態度を身につける	○慣れない食べ物や嫌いな食べ物にも挑戦する	○食習慣の形成に当たっては、子どもが他の子と関わりながら、主体的な活動を展開する中で身につくよう配慮する
⑦おおむね5歳	○いろいろな料理に出会い、発見を楽しんだり、考えたりし、様々な文化に気づく	○健康と食べ物の関係について関心を持つ	○健康と食べ物の関係について関心を促すに当たり、子どもの興味・関心を踏まえ、全職員が連携のもと、子どもの発達に応じた内容に配慮する
⑧おおむね6歳	○自分の体に必要な食品の種類や働きに気づき、栄養バランスを考慮した食事をとろうとする	○自分の健康に関心を持ち、必要な食品を進んでとろうとする	○食べ物を過剰に食べたり、欠乏することにより、心身の健康を害することに気づくように配慮する
備考			

出典：保育総合研究会監修『新保育所指針サポートブック』世界文化社　2009年　p.88

3　食を営む力の基礎を培う

　子どもは、身近な大人からの援助を受けながら、ほかの子どもとのかかわりを通して、食べることを楽しみ、豊かな食の体験を積み重ねていくことが必要である。よい環境で食べ、食への関心を育み、楽しい食の思い出がつくれるように「食育」を実践していく。

　乳幼児期における望ましい食習慣の定着や食を通じた人間性の形成・家族関係づくりによる心身の健全な育成を図るため、保育所では食に関する取り組みを積極的に進めていくことが求められている。

(1)　楽しい食事の環境を整える

家庭での実践

　第 3 次食育推進基本計画では、家庭での「共食」を重点項目に掲げている。子どもは大人と一緒に食事をすることで、さまざまなことを習得する。大人がおいしそうに食べているのをみることは、食べたいという意欲につながり、好き嫌いの嗜好は食体験の積み重ねで決まる。子どもの成長発達に伴ってできることが増えていくので、料理を一緒につくったり、盛りつけやお箸を並べるなどの手伝いをさせると、楽しい食事の時間を共有できる。最後まで食べることができたなど達成感をもたせるように、苦手なものなどは盛りつける量を少なくしてみるなど工夫をする。達成感は子どもが次のことにチャレンジしようとする意欲を生み出すことから、大人も一緒に喜ぶことを大切にする。

　子どもも大人も食事に集中できるように、食事中はテレビを消し、玩具や携帯電話を近くに置かないなど、環境に配慮する。また、食事の前には空腹であるように、日中の活動内容やおやつの量・時間に気をつける。

　「いただきます」「ごちそうさま」のあいさつをする、食事中に立ち歩かないなどの食事の基本的なマナーについては、家庭においても実践する。食事のマナーは一緒に食事をする人に不快な気持ちを与えないために必要であり、家庭で食べるときは心がけなくてもよいというものではない。

保育所などでの実践

　2004（平成16）年、厚生労働省「保育所における食育のあり方に関する研究班」が取りまとめた「楽しく食べる子どもに〜保育所における食育に関する指針〜」が出された。同指針では、保育所における食育の目標を「現在を

最もよく生き、かつ、生涯にわたって健康で質の高い生活を送る基本としての『食を営む力』の育成に向け、その基礎を培うこと」としている。このため、保育所における食育は、楽しく食べる子どもに成長していくことを期待し、以下の①～⑤の「子ども像」の実現を目指して行う。これらの子ども像は、保育所保育指針で述べられている保育の目標を、食育の観点から、具体的な子どもの姿として表したものである。

① お腹がすくリズムのもてる子ども

　お腹がすくことが食欲につながり、空腹時に食事を与えるとしっかり食べることにつながる。食事前の2時間は食べものを口にしないようにさせ、体を動かす活動をさせて空腹を感じさせるとよい。いつも決まった時間に食事をとることで、基本的な生活リズムが整ってくる。

② 食べたいもの、好きなものが増える子ども

　偏食や食べ残しなどは子どもの食行動の問題としてよくあげられる。これらを改善していくことも大切であるが、好きな食べものがあることやしっかり食べられるものがあることをほめてあげることは、子どもたちの食べる意欲を向上させるために欠かせない。子どもたちがそれを好む理由は、味、色、食感、食べやすさ、過去の経験などさまざまである。保育者は子どもたちがいろいろな食べものに興味・関心をもち、食べようという意欲的な気持ちになるようにかかわっていく。

③ 一緒に食べたい人がいる子ども

　身近な大人から食事を食べさせてもらうことで愛情や信頼感が育ち、一緒に食べる楽しみを感じられるようになる。この経験がコミュニケーション能力の形成へとつながる。人間関係の広がりとともに、一緒に食べたい人は身近な大人から友だちへと広がっていく。特定の人・仲間と一緒に食べたい気持ちを尊重しつつ、それ以外の人とも食べたくなる環境を整えることも大切である。

友だちといっしょにおでん

④ 食事づくり、準備にかかわる子ども

　子ども自身が食事をつくったり、食事の準備をすることにより、それを食べることが楽しく、おいしく感じられたりする。調理体験を取り入れ、会食したり、当番活動で給食の手伝い（たまねぎの皮むき、えんどうのすじ取りなど）や野菜の水やりをさせている保育所もある。そのほかにも、給食の机

を並べたり、配膳や片付けなど、毎日
の食事に計画的・継続的にかかわらせ
ることで食へのかかわりが習慣として
身についていく。

⑤　食べものを話題にする子ども

　一緒に食べる食事を「おいしいね」
と共感したり、料理や料理に入ってい
る食材、園で栽培・収穫する野菜など

給食のたまねぎの皮むき

の話題を取りあげるとよい。食事の大切さに気がつくとともに、食べものの
命をもらって自分たちが生きていること、食べものや生産者などへの感謝の
気持ちが育つような活動を行うことで食への関心をさらに高めたい。

(2)　家庭への支援

　子どもの食を考えるとき、保育所だけでなく、家庭と連携・協力して食育
を推進することが大切である。保育所での子どもの食事の様子や、保育所が
食育に関してどのように取り組んでいるのかなどを伝えたりして、日頃から
保護者とコミュニケーションをとるように心がける。

　保育所での食育の活動を保護者へ伝える機会としては、毎日の送迎時の会
話、家庭への通信、日々の連絡帳、保育参観や給食などの試食会、保護者の
参加による調理体験などがある。また、保護者同士の交流を図る場を設定す
ることも家庭での食育の実践が広がることにつながると期待できる。

　保育所は地域の子育て家庭に対する支援などを行う役割もある。子どもの
食生活に関する悩みなどが子育て不安の一因となることもあるので、保護者
の相談に応じたり、助言や支援を行う。保育所を地域に開放し、利用しやす
いような機会を積極的に設けることが望まれる。

　保育所には常に情報を発信し続けることが求められる。個々の家庭のライ
フスタイルや保護者の気持ちに耳を傾け、いくつかの選択肢を提示したりし
て、保護者一人ひとりが自己決定し、養育力を向上していくことができるよ
うな支援姿勢を整えておきたい。

○何をどれくらい食べさせたらよいか伝える

　ある保育所では玄関先に、その日に子どもたちが食べた給食とおやつを展示している。降園時にそれが保護者の目に触れることにより、一食の適量と食材のバランスなどが伝えられる。

　また、保育所での会食や調理体験をとおして適量や食事内容を把握できたり、保護者同士の意見交換がよい刺激になったりする。子どもたちの食べている様子を見てもらうことは、家庭とは違った一面が見られたりすることもあり、気づきの機会となる。

○望ましいおやつの与え方を伝える

　おやつの本来の意味を知ってもらうとともに、保育所のおやつを子どもたちが喜んで食べる姿を伝える。保育所で提供しているおやつの例として、おにぎり、ホットドッグ、みそ焼きうどん、とうもろこしやゆでた枝豆、焼き芋などがある。いずれも手づくりで、糖質やビタミンなどの補給を目的に出される。市販のスナック菓子やジュースは、よいおやつではないことに気づいてもらいたい。

○食育に関心をもってもらうために

　子どもたちが食育活動を楽しんで取り組んでおり、成長とともにさまざまな調理ができることをきちんと伝えたい。子どもたちが調理した蒸しパンやさつまいもの茶巾絞りなど、家に持ち帰り保護者にも食べてもらうことにより効果が期待できる。保育所での活動を知ってもらうとき、子どもたちが生き生きと話すことは保護者へリアリティをもって伝わる。つくり方のレシピなどを配布して、家庭で子どもと一緒につくろうと呼びかけることもできる。

　保育参観で野菜の種をまき、一部は持ち帰り家庭で育て、収穫までの過程を家族で体験させている保育所もある。

○特別な対応が必要な子どもをもつ家庭へのサポート

　体調不良、食物アレルギー、障がいのある子どもなどへの対応は、保護者と面談を行い、相互理解を図るように努める。一人ひとりの子どもの心身の状態などに応じ、嘱託医、かかりつけ医などの指示や協力のもとに適切に対応していく。

　たとえば食物アレルギーのある子どもに配慮して、給食や保育所で行う調理体験では、小麦粉は米粉へ、牛乳は豆乳へと置き換えている保育所がある。食物アレルギーのある子どもにとっては、みんなと同じものが食べられる喜びは大きい。

　子どもへの対応を保護者が負担に感じすぎないようにする。保育所で保護者向けの調理体験を行ったり、レシピを配布したりすると、家族そろっての食事に応用できると好評である。

4　保育所などでの食育の実践例

　前述の厚生労働省「楽しく食べる子どもに〜保育所における食育に関する指針〜」では、食と子どもの発達の観点から、3歳以上児の食育のねらいおよび内容として次の5項目をあげている。

① 食と健康
　食を通じて、健康な心と体を育て、自ら健康で安全な生活をつくり出す力を養う。
② 食と人間関係
　食を通じて、他の人々と親しみ支え合うために、自立心を育て、人とかかわる力を養う。
③ 食と文化
　食を通じて、人々が築き、継承してきた様々な文化を理解し、つくり出す力を養う。
④ いのちの育ちと食
　食を通じて、自らも含めたすべてのいのちを大切にする力を養う。
⑤ 料理と食
　食を通じて、素材に目を向け、素材にかかわり、素材を調理することに関心を持つ力を養う。

出典：厚生労働省「楽しく食べる子どもに──保育所における食育に関する指針」2004年

■保育所で行われている食育活動の紹介

○給食で使用されている食材を3色食品群に分類する

　毎日、ランチルームで給食を食べている保育所では、食事の前にその日の当番が給食で使用している食材を3色食品群に分けて伝えている。毎日続けることで、子どもたちはどの食材が何色のグループでどのような働きがあるのかがわかる。そして、給食が健康のために栄養のバランスを整えて調理してあることを理解し、調理員にも感謝できる。子どもたちはそれぞれがお皿をもって給食を盛りつけてもらうので、嫌いな食べものがある子どもは、「嫌いなものでも少しはがんばって食べるよ」などとやり取りがあるという。食べないことは体によくないことを知っているので、がんばって食べようとする姿がみられるという。

○誰かのために料理をつくる

　子どもたちがつくった料理を日頃お世話になっている方や異年齢の園児に食べてもらう。さまざまな人を招待し一緒に食べると、「おいしい」という声を直接聞け、おいしく食べてもらえる姿が身近に感じられる。このことを子どもたちはうれしく感じ、自分たちでもできたという自信や、またつくりたいという意欲につながる。一緒に食べるという空間が子どもたちを成長させるという。自分たちよりも年齢が下の子どもを招待する際には、「もう少し小さく切ったほうがいいね」などと、自然にさまざまな配慮が自分たちからできるようになる。相手のことを考えながらつくることを意識し、さまざまな人の力があって食事が食べられることへ感謝しながら、おいしさを共感しあうことを心がけているという。

○日本の伝統的な行事食や地域に伝わる郷土料理を味わう

　正月のおせち料理やこどもの日の柏餅など行事食を取り入れて会食をする。家庭によっては食べられなくなっている料理もあり、そうした料理を保育所で味わうことは貴重な体験である。行事食にはそれぞれにいわれがあり、郷土料理には伝承されてきた背景がある。食事を味わうとともにそれらを食べる意味を伝えることで、日本の伝統料理を知り、料理を文化として伝えていくことにつながる。

　特別な雰囲気を感じさせるために、壁面構成や演出など環境に配慮する。たとえば、おせち料理なら重箱に盛りつける、こどもの日なら菖蒲を飾るなどがある。机の配置をいつもと変えるだけでも特別な食事だということを印象づけることができる。

○食べもののいのちを感じ、感謝して食べるこころを育てる

　魚屋に来てもらい、目の前で大きな魚をおろしてもらう。大きな魚がだんだん切り身の形に変わっていくところを見て、日頃食べている魚が元々は生きていて、自分たちがそのいのちをいただいていることを実感する。この活動をとおして給食を残さず食べるようになったという。自然の恵み、いのちの大切さを気づかせていくことは大切なことである。

○保育所で栽培した野菜などを使って調理し、味わう

保育所ではいろいろな野菜を育てている。旬の食材を感じ、これらを使って調理し、食べる活動を取り入れている保育所は多い。種をまき、水やりなどの世話をとおして、どのように育つのか、いつ頃どこに実ができるのかなど、野菜が育つ過程を知り、収穫までの苦労や自分たちの野菜への愛着を感じることができる。自分たちが育てた野菜はおいしいと感じ、苦手な野菜でも食べられるのである。

また、収穫後の活動の見通しをもって、ほかの取り組みとも合わせて計画的に進めていく。お泊り保育のときにカレーをつくる体験を取り入れている保育所では、カレーの食材となるたまねぎ、じゃがいも、にんじんを子どもたちがつくっており、そのおいしさは格別であるという。

ある保育所では0歳児の部屋から見えるところに野菜が植えてある。育っていくのをいつも目にすることができると、自発的に作物に関心をもつようになるという。

○地域の方々と交流してお米づくり

地域の方の協力を得て、田植えや稲刈りなどに取り組んでいる保育所も多い。田植えは泥のヌルヌルした感触を楽しみながら行い、稲刈りは鎌を使ってザクザクと刈りとる感触を味わう。昔ながらの脱穀機を用いて子どもたちに脱穀をさせるなど貴重な体験ができる。収穫までの一連の作業は大変であるが、達成感や満足感は大きい。収穫したお米で、新米パーティー、餅つきなどを行う。

また、素手でおにぎりを握る活動を取り入れ、ご飯粒が手にくっつき取れにくいことを体験したり、日頃食べている1粒1粒のお米が稲に成長することを伝え、お米を無駄にしないように気づかせる活動をしている保育所もある。

─ ○**料理づくりへのかかわり** ─

　調理体験に取り組んでいる保育所は多い。体験をとおして、食材がどのように変化するのかがわかり、食べる意欲がわくとともに、つくりあげた達成感を得ることができる。

　成長発達に応じてできる内容が異なるので、体験は子どもたちの状態をよく把握して行うようにする。つぶす、こねる、すりおろす、はさみで切る、包丁で切るなど段階的にいろいろな手法で調理にかかわることができる。取り組む際には、その活動をさせる意味を確認しておく。また、食物アレルギーのある子どもへ配慮し、使用食材や活動内容を厳選する。

　ある保育所では大きなキャベツを収穫したことをきっかけに、4歳児がお好み焼きづくりに1年間継続的に取り組んだ。子どもの成長に合わせて使う道具を変えたり旬の食材を入れたりして、毎回少しずつ違う要素を加えながら取り組んでいき、最後はお好み焼きにふりかけるかつお節を削る活動も加えた。回を重ねるごとに見通しをもってつくれるようになり、やり遂げることにより自信になり、他の人にも食べてもらいたい得意料理となった。この経験が味の記憶として大人になっても残っていくのだという。

　またある保育所には、給食を調理している様子が見え、においも感じられるという環境がある。自分たちの給食ができあがっていく様子を五感で知ることができることは食を身近に感じられてよい。給食室との連携次第で食育の可能性は広がる。

【初出一覧】
■第1節・第2節　髙橋淳子「食育とは」「保育所における食育」「食育の計画および評価」岩田章子・寺嶋昌代編『新版 子どもの食と栄養』みらい　2018年　pp.196-203（第9章第1節〜第3節）
■第3節・第4節　乾陽子「食を営む力の基礎を培う」「保育所などでの食育の実践例」岩田章子・寺嶋昌代編『新版子どもの食と栄養』みらい　2018年　pp.216-224（第10章第2節・第3節）

【参考文献】
農林水産省「第3次食育推進基本計画」2017年
農林水産省「第3次食育推進計画に基づく保育所における食育の推進について」2016年
厚生労働省「保育所における食事の提供ガイドライン」2012年
保育所における食育のあり方に関する研究班「楽しく食べる子どもに──保育所における食育に関する指針」2004年

第5章

特別な配慮を要する子どもの食と栄養

1　疾病や体調不良への対応

嘔吐、下痢、発熱、脱水症

　吐き気の強い間は絶食とするが、吐き気がおさまったら少量の水分を与えて嘔吐しないことを確認しつつ、少しずつ水分を与える。水を沸騰させ、一度さました白湯（さゆ）がよい。それが飲めたら、そのほかの水分（薄いお茶［麦茶、ほうじ茶］、砂糖水、リンゴジュースを薄めたもの、薄いスープ、小児用の経口補水液）などを、少量ずつ様子をみながら与える。嘔吐と下痢が続くなら迷わず病院を受診させる。

　下痢や嘔吐が続くと、脱水症が進行してしまう。唇の乾燥や皮膚の弾力性に注意をはらう。脱水症の症状が進むと、めまいやふらつき、頭痛がみられ、重度になると傾眠状態から昏睡に陥る。また、痙攣（けいれん）、チアノーゼ*1が現れると重症である。口から水分がとれないときは、点滴も必要となる。

*1　チアノーゼ
皮膚や粘膜が青紫色になる状態をいう。

　下痢・嘔吐がおさまったら、離乳食は少し前の段階に戻って、乳汁からスタートしなおしてもよい。

　高い熱が出たときも、発汗などで大量の水分が失われるので、頻繁な水分補給を第一とすることを忘れない。安静と保温に気をつけ、室内の温度や湿度を快適に保ち、時々換気する。子どもが嫌がらなければ、氷枕を使用する。発熱は生体防御機能のひとつであり、熱が出たら解熱剤で下げればよいということではない。38.5℃以上の高熱の場合には、医療機関を受診したり、解熱剤が必要なときもあり、注意が必要である*2。発熱すると発汗も激しいので、清潔な衣服の交換が必要である。発熱して1℃体温が上昇するとエネルギー必要量は12%増加するといわれているので、表5-1のような消化のよい食品や水分の多い食事を提供し、回復期にはたんぱく質の補給も意識する必要がある。

*2
発熱については、第1章3(1)(p.18)を参照。

　便秘を解消するためには、「早寝、早起き、朝ごはん、早うんち」といわれるような規則正しい生活と食事を整えることを基本とする。朝食後にトイ

表5−1　消化のよい食品と、その調理法

消化のよいもの*	調理法
かゆ	米を柔らかく炊いたもの（米の割合により、三分粥、五分粥、全粥などがある）、おもゆ（おかゆの上澄み）
パン、うどん、オートミール	お湯と煮て、くたくたにする。
豆	豆腐の煮物やみそ汁の豆腐。煮豆は皮は避け、中身をつぶす。
野菜	繊維の少ないもの、にんじん、かぼちゃ、青菜の先のほうを煮てつぶす。トマトも皮を避ける。
魚	白身魚の煮たもの、はんぺん煮
卵	かき玉汁、卵豆腐、プディング、具なし茶碗蒸し

※便秘のときは、果物のすりおろしを加えてもよい。

レタイムをとれるようなゆとりのある生活をし、排便時間を決めるとよい。便量を増やすような繊維質の多い食物をとること、朝食時に冷たい水や牛乳を飲むこと、戸外での活発な運動により腸の動きを活発化させることを心がける。

むし歯と食事

　食べることが健康のもとであり、食べるためには歯が健康で、よくかめるということが大切である。幼児期は永久歯の形成の時期であり、あごを発達させる時期でもある。

　むし歯は間食の不適正、歯磨きの不完全などによるが、砂糖の摂取と相関がみられる。むし歯にならないようにするには、むし歯の原因のミュータンス菌の餌になる砂糖を避け、食後の口ゆすぎや、歯磨きの励行、歯を強くするカルシウム、たんぱく質、ビタミン類（ビタミンD、K、C）の摂取が必要である。

　食べ物をかんで与えるという乳児期の習慣は、かんで与える過程で、ミュータンス菌が家族内で伝染するという説もあることから、むし歯のある親は子どもに食べ物をかんで与えることを控えるほうがよい。

小児肥満

　肥満には、病的原因による症候性肥満と、エネルギー摂取の過剰と運動不足による単純性肥満がある。肥満の判定にはカウプ指数やローレル指数などの身長と体重から算出される指数を用いて判定することが多い。近年の肥満傾向児の出現率は、図5−1のとおりである[3]。

　生活習慣に起因する単純性肥満は、親、特に母親が肥満であると、その食生活を継承して過食になりがちになり、子どもが肥満になりやすい。また、近年の研究では、ストレス、夜ふかし、睡眠不足、早食い、孤食などの生活

*3
肥満については、第3章4(3)(p.102)を参照。

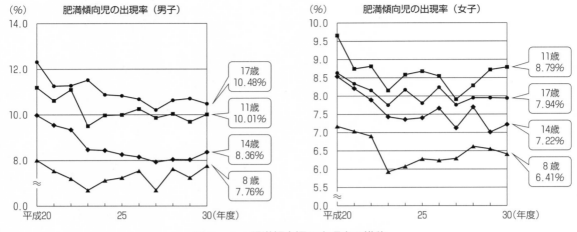

図5−1　肥満傾向児の出現率の推移

出典：文部科学省「平成30年度 学校保健統計調査」2019年

＊4　節約遺伝子
ジェームス・ニールによって提唱された、食糧供給が困難な環境でも少ないエネルギーで生き延びられるようにエネルギーの節約に働く遺伝子。日本人の3分の1は$β_3$-アドレナリン受容体遺伝子に変異があり、1日あたり200kcal基礎代謝量が少なく、節約型である。そのほかに、脱共役たんぱく質遺伝子、PPARγ遺伝子が節約遺伝子として働く。

が肥満に関与することがわかっている。小児肥満は、成人肥満に移行していく可能性が高く、糖尿病、高血圧、脂質異常症を発症し、メタボリックシンドローム予備軍となってしまう。肥満になりやすい体質は、節約遺伝子＊4という飢餓を生き延びるためのエネルギー節約型遺伝子をもつことも関係している。

　肥満の治療は大変難しいものであるが、穀類や菓子類などの糖質や脂質の多い食品の摂取を控えめにし、たんぱく質、ミネラル、ビタミンが不足しないように、親や保育者が配慮しなければならない。体を動かす運動や遊びを積極的に取り入れていくと、思春期の急激な身長の伸びとともに肥満が解消に向かう。肥満を気にして苦痛のある食事制限を行うと、思春期の摂食障害の原因にもなりうるので注意が必要である。

思春期やせ症（神経性食欲不振症）

　現代は、テレビやインターネットなどの情報が氾濫し、容姿で評価されたり、スリムなスタイルが「きれい」「かわいい」ともてはやされたりして、多くのダイエット方法が宣伝されている。そのような社会的文化的環境のなかで、ダイエットが誘因となり、体重減少が進み、食事をとらなかったり、吐き戻しをしたり、下剤を乱用するなどして、自らの体重減少や体型への固執が解けなくなってしまうのが、思春期やせ症である。標準体重の70％以下になると、消化吸収の機能が落ちて、食べようとしても食べられなくなってしまい、最悪の場合には死亡することもある病気である。

　このような極端なダイエットに陥る原因は、子どもの問題だけでなく、親の養育態度や環境にあるといわれ、栄養面での補充や食事指導だけでなく、

カウンセリングを含めた心理的アプローチが必要となる。

　成長途上でのこの疾患は、低身長、低体重、骨そしょう症、無月経、不妊症、不登校、引きこもりなど、大人になっても続く成長阻害要因になるため、親子で向き合い、乗り越える覚悟が必要だと考えられる。回復には数年から十数年かかることもあり、早く治療をはじめたほうが回復が早いといわれている。

貧　血

　貧血とは、血液中の赤血球数またはヘモグロビン量が正常範囲よりも減少した状態をいう。不規則な食生活や無理なダイエットなどによる栄養素不足、特に鉄の不足による鉄欠乏性貧血*5は自覚症状があまりなく、進行する場合がある。頻脈、息切れ、疲れやすさ、ふらつきが強くなる。思春期には、成長に伴う鉄の需要の増加に加え、生理による鉄の喪失もあり、女子の貧血が増加する。鉄を含め、たんぱく質、葉酸、ビタミンB_{12}、ビタミンB_6、銅などが必要であり、鉄の吸収にはビタミンCが必要である。

＊5
鉄欠乏性貧血については、第3章4(2)(p.100)を参照。

小児糖尿病

　15歳未満で発症した糖尿病を小児糖尿病という。糖尿病には1型と2型があるが、1型糖尿病は、免疫機能の異常やウイルス感染が関与し、自己免疫により膵臓のβ細胞が破壊され、血糖値を下げるホルモンであるインスリンが分泌されなくなるため発症する。治療は、インスリンを補うしかなく、インスリン注射、食事量のコントロール、低血糖予防などを自己管理していくことをサポートする。2型糖尿病は、複数の遺伝子の関与または生活習慣に発症が依存しており、肥満とも関係が深いため、小児肥満の予防は2型糖尿病の発症の予防となる。適正な食事量、運動習慣などに気をつける必要がある。

小児腎臓病

　小児腎臓病には、溶連菌感染による風邪に罹患した10日後くらいに、むくみ、血尿、たんぱく尿、高血圧などになり発症する急性糸球体腎炎や、高度のたんぱく尿、血中アルブミン濃度の低下、浮腫が発現するネフローゼ症候群などがある。たんぱく質や食塩、水分の制限が必要になってくる場合があり、医師の指導に従う。これらの症状が3か月以上続き、腎機能の低下が続く慢性腎臓病に移行しないように、早期発見・早期治療が必要である。

先天性代謝異常症

　遺伝子の異常により先天的に代謝酵素に異常があると、栄養素の代謝が進まず、特定の物質が蓄積したり、必要な物質が産生されず欠乏し、精神や運動の発達障害が発生する。このような先天性代謝異常症は、500種類以上知

られている。これらのうち、ホルモン異常がみられる内分泌疾患（先天性甲状腺機能低下症と先天性副腎過形成症）や20種類以上の代謝異常症（フェニルケトン尿症、メープルシロップ尿症、ホモシスチン尿症などのアミノ酸代謝異常症や有機酸代謝異常症、脂肪酸代謝異常症、糖質代謝異常症など）は、新生児マス・スクリーニング（先天性代謝異常等検査）*6により検査ができるようになった。早期に発見できれば、特定のアミノ酸を除去した特殊ミルク*7による食事療法やホルモン補充療法で、早期治療や発育遅滞を低減することができる。

＊6　新生児マス・スクリーニング（先天性代謝異常等検査）
生後4〜6日のすべての新生児に対して、家族の同意を得て、都道府県および政令指定都市で公費負担で実施されている。なお、第6章2(1)（p.163）を参照。

＊7
治療用特殊ミルクについては、第3章2(2)（p.83）を参照。

2　障害のある子どもの食生活

　障害のある子どもは、それぞれがもつ障害の種類や程度がさまざまであり、個人差も大きい。障害のある子どもの食生活を考える場合、一人ひとりの子どもの障害に対応した食生活を考えることが重要である。

　障害が軽度の子どもの場合は、自立を促すような食生活への働きかけを心がける。また、障害が重度の子どもの場合でも介助は不可欠だが、できるだけ子どもの積極性を引き出すように心がける。いずれの場合でも、子どもたちが楽しく食べられるような食環境の設定が重要である。

(1)　障害のある子どもの特徴と食生活

　子どものさまざまな障害の症状とそれに対応する食生活の留意点について簡単に述べてみる。

　子どもの障害には、知的機能の障害、運動機能の障害、視覚機能の障害、聴覚機能の障害などがある。障害のある子どもにとってこれらの機能障害はひとつではなく、重複している場合も多い。ここでは、子どものさまざまな障害の特徴とその食生活について述べる。

知的障害

　知的障害の子どもは知的機能の障害のほかに、運動機能や言語機能の障害などもあわせもつ場合が多い。知的障害の子どもは自分で食事の量を抑えることができず、過食による肥満も多い。冷蔵庫の中身をすべて食べたり、ジュースや飲み物や菓子袋をあるだけ全部食べてしまう場合もある。まったくかまずに丸飲みする場合もある。特に甘い物の過食が多く、場合によっては砂糖を1袋食べてしまうこともある。

表5－2　うまく食べられない原因と具体例

原　　因		具　　体　　例
運動機能の制限によるもの	筋緊張の異常によるもの	・口へ食べ物を取り込んだり、咀嚼、嚥下がうまくできない。 ・スプーンで食べ物をすくったり、口へ運んだりできない。 ・座位姿勢が保持できない。 ・その他
	筋力低下、その他の理由によるもの	・座位姿勢が保持できず、スプーンを食べ物へ伸ばせない。 ・スプーンを口まで運べない。 ・食器を動かせない。 ・その他
食事動作の未学習によるもの	単なる未学習によるもの	・手づかみで食べる。 ・スプーンを握らない。 ・スプーンを投げる。 ・その他
	上肢の操作法の未熟によるもの	・手づかみで食べる。 ・スプーンで食べ物をすくえない。 ・その他

出典：『実践障害児教育』Vol.292　大空社　1997年　p.20を一部改変

　食事のときには、大皿に盛ることはせず、適量が自分でわかるように自分の分だけ皿に盛るようにする。思春期に達したときには、周囲の人では抑えきれなくなることも多いので、早い時期に他人の食べ物に手を出さない等の食事のマナーを教える必要がある。

　食事が1人でできない原因として、筋緊張や筋力の低下などの運動機能が制限されている場合と食事動作が学習されていない場合がある（表5－2）。食事動作がスムーズに行えない原因がどちらにあるかを見極めることも必要である。筋の過度の緊張や筋力の低下により自分で運動機能を制御できない場合、適切な介助が必要である。食事動作が学習されていない場合は学習することで改善されるので、根気よく教えていくことが大切である。

肢体不自由

　肢体不自由の子どもは運動機能に障害がある。また、精神発達は正常または多少の遅れがある場合と、知的障害、視聴覚障害、言語障害、てんかんなどを重複する場合がある。

　肢体不自由児においては、自分の意志で身体を動かすことが困難であり、食事をする場合に基本的な姿勢を保つことが難しい。食事のときは座った姿勢を保つことのできる椅子や介助が必要となる。さらに食べ物を飲み込んだり、口のなかの食物を舌で口の奥に運んだり飲み込んだりすることが困難な場合がある。また、咀しゃく中に口を閉じていることが困難な場合も多い。調理の形態を障害の程度に応じて変える工夫も大切である。食後に口のなか

に食べ物の残りかすが溜まりやすいので口内を清潔に保つことも大切である。

重症心身障害

　重症心身障害の子どもの場合、重度の知的障害と重度の肢体不自由が重複しているので、ベッドで過ごすことが多く、移動も車椅子による。重症の子どもは食べる機能が未発達であり、呼吸も不安定であったりする。飲み物や食べ物を飲み込むときにむせたり、誤飲や誤食があるので、食事のときは全面介助が必要となる。調理の形態は本人が飲み込みやすいように工夫する。食後、口内に食事のかすが残ることがあるので口内を清潔に保つことも大切である。食事のときの姿勢は座る姿勢が望ましいが、それができない場合は、寝たきりの姿勢、だっこの姿勢、緊張を緩和する姿勢など食べやすい姿勢を心がけてみる（図5-2）。

自閉症

　自閉症[*8]の子どもが示す「こだわり行動」が食事にも現れる場合が多い。食べ物に対しても常に同じ状態を求めることが多く、好きな物しか口にしないことも多い。一般的に野菜を嫌い、極端な場合はラーメンとアイスクリームしか食べない子どももいる。

　また、食べ物の見た目を大変気にするので、同じ素材でも切り方や調理法が異なると食べない場合も多い。新しいメニューにはまったく手を出さない傾向があり、盛りつけでも何が入っているか識別できないと食事をとらない場合もある。

　食事の環境が変わると、パニックを起こしやすい子どももいる。1人で食事をすることを好み、周囲に人がいると食事ができない子どももいる。性急に環境を変えずに気長に構えて、徐々に食の環境に慣らしていくことが大切である。

ダウン症

　ダウン症[*9]の子どもは乳児期に乳を吸う力が弱いため、哺乳量が不足する場合がある。幼児期になると肥満になりやすい。ダウン症の子どもの身長は標準よりも小さく、偏食の子どもも多いので、好きな食べ物ばかり与えず栄養のバランスを考える。消化器官の弱い子どもも多く、消化のよい食べ物を与えることが望ましい。

視覚障害

　基本的に健常児と同じ食事内容でよいが、食べるときににおいをかいだり、食べるときの音や口内での触感を意識させるなどの言葉がけを行い、食物や献立名を意識的に自覚させる。また食事のときに、こぼしてもよいから何でも自分でさせてみて、自立の力を養うことも大切である。幼児期に手づかみ

＊8　自閉症
対人関係の障害、言葉の発達が遅い、パターン化した興味や活動を特徴とする障害で、3歳以前に症状が現れる。養育環境や親の育て方ではなく、生まれつき脳の中枢神経系の機能的障害が原因とされる。自閉症である人の半数以上は知的障害を伴う。なお、DSM-5では、自閉症は自閉スペクトラム症に分類されている（詳しくは、第1章4(1)[p.28]を参照）。

＊9　ダウン症
正式名は「ダウン症候群」で、人の細胞のなかに存在する染色体の突然変異によっておこる。ダウン症の特徴として、筋肉の緊張度が低く、多くの場合、知的な発達に遅れがある。全体的に心身がゆっくり発達する。難聴や視覚障害（遠視や乱視）、心疾患を併発するなど合併症があることも多い。

①寝たきりでの食事姿勢：頭部を少しでも上げ、足をリラックスさせる。

②だっこでの食事姿勢：背筋を伸ばすようにする。

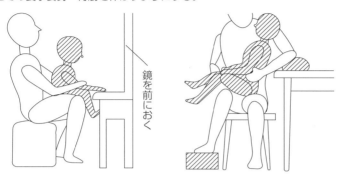

③緊張の強い場合の食事姿勢：うしろから、または横だきで介助する。

図5−2　食べやすい食事姿勢

出典：障害児教育実践体系刊行委員会編『障害児教育実践体系3　重症心身障害児』労働旬報社　1985年
　　pp.219−220

食べを経験させることも、健常児の場合と同様に発達段階では重要である。

(2)　障害のある子どもの食生活の課題と対応

　障害のある子どもは、一般的に障害が重複していることが多い。障害の種類はさまざまでも、食生活では共通の問題点があげられる。ここでは、障害のある子どもの食生活における代表的な問題点について取り上げ、その対応について考えてみる。

偏　食

　一般的に障害のある子どもは偏食が多い。自閉スペクトラム症の子ども、知的障害の子どもにもいえることである。その場合、無理して食べさせずに、順次、慣らすようにする。嫌いな食材を本人にわからないように細かくして混ぜ込むなどの工夫を行い、それに慣れて食べられるようになったら徐々にその食品を与えてみる。嫌いな食べ物でもその日の体調や食欲によって食べることもあるので何度でも出してみる。偏食の指導を無理に行うと、吐いたりする場合もある。食事をすること自体が苦痛となってしまう恐れもあるので嫌いな食べ物を強制しないことが大切である。

食べ物をうまくかんだり飲み込んだりできない

　食べ物をうまくかんだり飲み込んだりできない子どもは、歯でかんだり飲み込んだりする機能が低下している。特に肢体不自由の半数を占める脳性まひの子どもではその傾向が強い。食べるときに正しい姿勢がとれるように首と頭部を固定する。また、口に入れる食べ物の適切な量や調理形態を考える。調理形態は表5－3に示すようにさまざまであるが、障害の程度に応じて食物をどのような調理形態にするかを決める。また、一度調理形態を決めても固定せず、その子どもの体調や発達の程度に応じて変える柔軟性も必要である。

　さらに、調理形態を変えるだけではなく、咀しゃく機能を改善するための訓練を行うことも大切である。

食欲をコントロールできない

　1人では食欲をコントロールできず、食べすぎてしまう子どもの場合、肥満になることや他人の分まで食べてしまうことがある。食欲をコントロールできない場合、バイキング方式の食事は適さない。毎回、決められた量を提

表5－3　食事の調理形態

普　通　食	：切り方、味付けの方法は一般的である。魚の骨は取り除く。主食はめし。
刻　　　食	：切り方は1cmくらいに刻む。スプーンでつぶせるものはなるべく普通食に近づける。主食はめし。
特 別 刻 食	：刻食のなかで食べにくいものは、さらに細かく刻む。主食はめし、または半々食（めし・かゆ）。
軟　菜　食	：肉類は2度びきしたミンチ、魚類はそぼろ。調理方法は食べやすく工夫し、できるだけ原材料がなにであるかわかるようにする。主食はめし、または粥。
ペースト食	：主食は粥のペーストまたはパン粥で副食はペースト状にしたもの（本くず、寒天、ゼラチンなどを使い配膳を美しく）。
そ　の　他	：肥満食・高カロリー食・チューブ栄養など。疾病治療に必要な食事。

出典：障害児教育実践体系刊行委員会編『障害児教育実践体系3　重症心身障害児』労働旬報社　1985年　p.218

供し、丸飲みにせずにゆっくりとかんで食べる習慣をつけさせる。おやつなどは袋のまま与えず、分量をきちんと量って与えるようにする。

　障害のある子どもの食事には、障害の程度に応じた個々の対応が必要である。具体的には、食べる側の状態として、次のような対応が考えられる。

- ・子どもが楽に食べられるような姿勢にする。頭や首が不安定な場合は、首と頭を固定する。緊張が強く過敏に反応する場合は、食事時間以外でも緊張を取り除く訓練運動を行う。
- ・障害にあった食事の形態や調理を行う。
- ・障害のある子どもがスムーズに食事ができるよう介助方法を考える。
- ・障害のある子ども用につくられたスプーンなどの補助器具を効果的に使う。

(3) スムーズな食事を行うための食器類

　食事がスムーズに行えるよう、さまざまな食器類が市販されている。それらを上手に用いることで食べやすい環境をつくることができる。

　食事のときに必要な皿やコップ、箸、スプーン、フォークなどと、食事のときにあると便利な「長いエプロン」などがある。いずれも、障害のある子どもたちが使いやすいように工夫されている。ここでは、それらについて簡単に述べる。

① 皿　類

　皿の底に滑り止めがついていて、スプーン、フォークですくっても動かないようになっている。また皿の片側が高く、内側に曲がっているので食べ物が逃げずにすくえる。1人でスプーンは使えるが、皿の食べ物を上手にすくえない子どもに適している。素材はプラスチック、陶器などがある。

② コップ類

　首や頭を動かさなくても飲めるコップはふちが一部円形にえぐれていて、鼻があたらないようにできている（図5－3）。吸い口がついたコップは1回に飲む量を調節でき、むせたりしない。素材はポリエチレン、ポリプロピレンなど軽い物が多い。

③ スプーン、フォーク類

　スプーン、フォークは、個々の障害の種類や程度に応じて使いやすい形をしている。図5－4のスプーン、フォークは首の部分を自由に曲げることができ、グリップの裏側のくぼみに指がおさまり、安定して握ることができる。

　握力の弱い場合や手指の曲がらない場合は、マジックテープで手のひらに

巻きつけるスプーンホルダーがある（図5－5）。口が開けにくい場合や咬反射＊10のある場合は、先端がやわらかく口のなかを傷つけないスプーンがある（図5－6）。

④　箸

　子どもが使いやすいよう、箸の上端がクリップでつながっており、ばらばらにならないように工夫されているものがある。これらは自然に箸先があうように工夫されているので、握力の弱い子どもや手や指に変形がある場合、または箸先がかみ合わず、食べ物をつかみにくい子どもの場合に適している。

⑤　その他

　食事のとき、テーブルに置いた食器が滑らないためのマットや食べこぼしを防ぐための食事用エプロンなどがある。食事のときにこれらを用いると、より便利である。

図5－3　一部ふちがえぐれているコップ
出典：「KAWAMURA　生活サポート用品カタログ vol.12」2005年

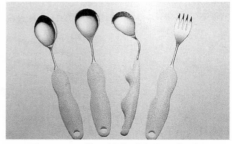

図5－4　首の部分が自由に曲がる
　　　　スプーン、フォーク
出典：「KAWAMURA　生活サポート用品カタログ vol.12」2005年

図5－5　スプーンホルダー（木製）
出典：「KAWAMURA　生活サポート用品カタログ vol.12」2005年

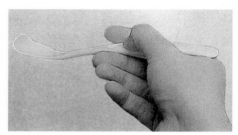

図5－6　やさしいスプーン
出典：「KAWAMURA　生活サポート用品カタログ vol.12」2005年

3　アレルギーへの対応

（1）アレルギーとは

免　疫

　私たちの体を守る働きのひとつに免疫反応がある。免疫反応は、自分自身の体（自己）と「自己」ではないもの（非自己）を識別し、体のなかに細菌やウイルスなどの外界の異物が侵入すると、非自己であると認識し、異物による攻撃から私たちの体を守ろうとする反応である。

　体内に侵入した異物（非自己）を抗原（アレルゲン）といい、この抗原を排除するために体がつくるたんぱく質を抗体という。抗体は、抗原を特異的に排除するためにつくられる。

　免疫は、生体防御として本来は機能する。しかし、病後や体力が低下しているときなど、さまざまな要因により免疫機能が正常に働かず、体を守ろうとする反応が過剰に起きてしまうことがある。そうした体に不利な免疫反応を引き起こすことをアレルギーという（図5－7）。

アレルギーの種類とアレルギー反応の症状

　アレルギーを起こすアレルゲンには、食物成分のほか、カビ、ほこり、ダ

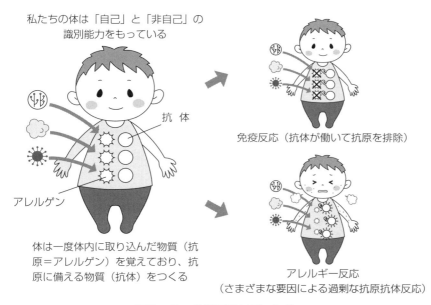

私たちの体は「自己」と「非自己」の
識別能力をもっている

抗　体

アレルゲン

体は一度体内に取り込んだ物質（抗
原＝アレルゲン）を覚えており、抗
原に備える物質（抗体）をつくる

免疫反応（抗体が働いて抗原を排除）

アレルギー反応
（さまざまな要因による過剰な抗原抗体反応）

図5－7　免疫反応とアレルギー

ニ、動物の毛などの環境因子があげられる。また、アレルゲンが1つではなく複数作用することもある。アレルギー反応による症状は、下痢・嘔吐・腹痛などの消化器官疾患や喘息・鼻炎などの呼吸器系疾患、じんましんなどの皮膚疾患がある。アレルギー反応がどのように起こるかにより、I型、Ⅱ型、Ⅲ型、Ⅳ型の4種類に分類される（表5－4）。

*11 IgE
免疫グロブリンEのことで、体内に抗原が入ってくるとアレルギーを起こす。

　I型アレルギーは、IgE[*11]抗体が関与する反応で、皮膚や粘膜にある肥満細胞に結びついたIgEに抗原が反応し、化学伝達物質が放出され、産生されることにより、さまざまな症状を引き起こす。アレルゲンが作用してから、15分〜2時間以内の短時間で反応が起こる即時型アレルギー疾患である。一般的にアレルギーといわれている気管支喘息、アトピー性皮膚炎、アレルギー性鼻炎、食物アレルギーなどはI型に分類される（表5－5）。また、アレルギーの症状が複数の臓器にわたるアナフィラキシーは、生命に危険を与え得る過敏反応であり、アナフィラキシーに血圧低下や意識障害を伴う場合をアナフィラキシーショックという[1]。

　Ⅱ型アレルギーは、細胞表面の抗原に対して抗体が結合したのち、自分自

表5－4　アレルギーの分類

分類	関与する物質	主な疾患
I型アレルギー（即時型）	IgE	アナフィラキシーショック、アレルギー性鼻炎、気管支喘息、アトピー性皮膚炎、食物アレルギーなど
Ⅱ型アレルギー	IgG　IgM	自己免疫性溶血性貧血、不適合輸血など
Ⅲ型アレルギー	IgG　IgM	全身性エリテマトーデス（SLE）、血清病、急性糸球体腎炎など
Ⅳ型アレルギー（遅延型）	T細胞　マクロファージ	接触性皮膚炎、ツベルクリン反応、移植拒絶反応など

出典：佐藤和人・本間健・小松龍史編『エッセンシャル臨床栄養学 [第8版]』医歯薬出版　2016年　p.192を一部改変

表5－5　I型アレルギーの症状

気管支喘息	気道が慢性的な炎症を起こし、せきや呼吸困難を引き起こす。
アトピー性皮膚炎	かゆみを伴う湿疹が顔や関節に慢性的に生じる疾患で、子どもに多い。
アレルギー性鼻炎	鼻粘膜のアレルギー性疾患で、ダニやスギ花粉などが鼻に入ることでくしゃみ、鼻水、鼻づまりを発作的にくり返す。鼻症状が通年でみられる通年性アレルギー性鼻炎と鼻症状が季節性にみられる季節性アレルギー性鼻炎がある。
アレルギー性結膜炎	ダニや花粉、ハウスダストが目に入ることで目のかゆみや異物感、涙がでたり、充血、目やになどの症状がでる。患者の約85％が花粉性アレルギー性結膜炎であるといわれている。
食物アレルギー	原因となる食物を摂取して、食べた直後から30分以内に皮膚症状や呼吸器症状、粘膜症状などが現れることが多い。

身の体の細胞に反応して、補体またはK（キラー）細胞によって自分の体内にある赤血球などの細胞を壊してしまう。

Ⅲ型アレルギーは、抗原と抗体が結合した免疫複合体が組織に沈着したのち、補体の活性化が起こり、組織に炎症を起こす。

Ⅳ型アレルギーは、細胞性免疫によるT細胞が主体で、抗体は関係していない。症状が出るまでに1～2日かかる遅延型アレルギー疾患である。

食物アレルギーとは

食物アレルギーとは、「食物によって引き起こされる抗原特異的な免疫学的機序を介して生体にとって不利益な症状が惹起される現象」[2]とされている。

私たちの体にとって栄養となるはずの食物は、体にとって外敵や異物ではないが、ある特定の食物を食べたり、触ったり、吸い込んだりした後に過剰に免疫反応が働いて、皮膚・呼吸器・消化器・全身に不快な症状が出るアレルギー反応を起こすことがある。

食物アレルギーのアレルゲンのひとつにたんぱく質がある。たんぱく質を食べると、何種類かの消化酵素の働きによって消化管内で細かく分解され、ペプチド*12あるいはアミノ酸となり吸収されるが、一部は比較的大きな分子のままで吸収されてしまうこともある。正常の人は、大きな分子（異物）が吸収されても、過剰な免疫反応を起こさない仕組みをもっている。ところがアレルギーを起こすときは、風邪などにより口の周りや咽頭、消化管が傷ついていることがあり、この仕組みが機能しないために過剰な免疫反応を起こしてしまう。また、消化機能が未熟な乳幼児の場合は、風邪などの感染頻度も高く、炎症を起こしていることが多いため消化機能がうまく働かないうえ、1歳頃まではたんぱく質の消化率が低い。このことが、乳幼児に食物アレルギーが多い原因である。

① 食物アレルギーの原因食物

食物アレルギーを起こす原因食物は図5-8のように多くあるが、最も多いのが鶏卵である。次いで乳・乳製品、小麦で、これらは三大アレルゲンと呼ばれている。乳児の食物アレルギーの原因はこの三大アレルゲンが多く、幼児では鶏卵、魚卵、果物、ピーナッツが多くなっている。学童期以降は、甲殻類、果物が多い。また、原因食物が1つだけの人や、複数の食品に対してアレルギーを起こす人もいる。

アレルギーを起こす量も個人差がある。同じ食品でも、生は食べられないが、加熱や加工されたものは食べられる場合があり、加熱の程度によって食べられるか食べられないかが決まることもある。

*12　ペプチド
ペプチドとは、アミノ酸がいくつか結合したものである。

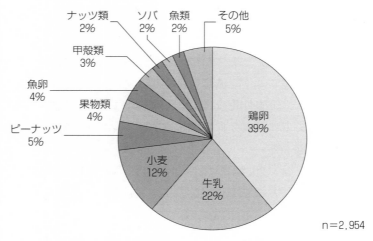

ナッツ類
2%

ソバ
2%

魚類
2%

その他
5%

甲殻類
3%

魚卵
4%

果物類
4%

ピーナッツ
5%

小麦
12%

牛乳
22%

鶏卵
39%

n＝2,954

図5－8　食物アレルギーの原因食物

出典：海老澤元宏・伊藤浩明・藤澤隆夫監『食物アレルギー診療ガイドライン 2016』
協和企画　2016年　p.38を一部改変

② 　アレルギー物質を含む食品の表示

　　包装された加工食品（あらかじめ箱や袋で包装されているものや缶やビン
に詰められた食品）の表示に関しては、食物アレルギー症状を起こす健康被
害を防ぐために2015（平成27）年4月より施行された食品表示法によって、
「アレルゲン」として表5－6の特定原材料7品目とそれに準ずる20品目が
表示対象となったが*13、2019（令和元）年9月には「特定原材料に準ずる
もの」にアーモンドが追加され21品目となった。

　　レストランやファーストフード店などの飲食店や、量り売りのお総菜、店
内で調理するお弁当やパンなどは食品表示制度の対象外である。また、容器
包装の表面積が30cm^{2}以下のものには表示義務はない。

＊13
2002（平成14）年4月
より施行された食品衛
生法での規定は食品表
示法に統合された。

表5－6　食物アレルギー原因食物を含む加工品への表示

特定原材料7品目 （表示義務）	卵、乳、小麦、えび、かに ※症例数が多いもの
	そば、落花生（ピーナッツ） ※症例が重篤で生命にかかわるため、特に留意が必要なもの
特定原材料に準ずる もの21品目 （表示推奨）	アーモンド、あわび、いか、いくら、オレンジ、カシューナッツ、キウイフルーツ、牛肉、くるみ、ごま、さけ、さば、ゼラチン、大豆、鶏肉、バナナ、豚肉、まつたけ、もも、やまいも、りんご ※特定原材料に比べると症例数が少なく、省令に定めるには科学的な知見が十分でなく今後の調査を必要とするもの

③　食物アレルギーの症状

　食物アレルギーの症状として次のようなものがあげられる[3]。

- **皮膚粘膜症状**
  　皮膚症状：かゆみ、じんましん、むくみ、赤み、湿疹
  　眼症状：白目の充血、ゼリー状の水ぶくれ、かゆみ、涙、まぶたのむくみ
  　口腔咽喉頭症状：口の中・くちびる・舌の違和感・腫れ、喉のつまり・かゆみ・
  　　　　　　　　　　　　イガイガ感、息苦しい、しわがれ声
- **消化器症状**
  　腹痛、気持ちが悪くなる、嘔吐、下痢、血便
- **呼吸器症状**
  　上気道症状：くしゃみ、鼻水、鼻づまり
  　下気道症状：息がしにくい、せき、呼吸時に「ゼーゼー」「ヒューヒュー」と音がする
- **全身性症状**
  　アナフィラキシー：皮膚・呼吸器・消化器などのいくつかの症状が重なる
  　アナフィラキシーショック：脈が速い、ぐったり・意識がない、血圧低下

---

④　特殊な食物アレルギーの症状

　食物アレルギーの特殊な症状として「食物依存性運動誘発アナフィラキシー」がある。これは、ある特定の食物を摂取後2時間以内に激しい運動をした場合にのみ起こるアナフィラキシーである。

　原因食物は、そば、小麦、甲殻類が多いといわれている。原因食物を食べただけや食べずに運動しただけでは症状は起こらないため、特定の食物を摂取した後の運動を控えることが予防となる。

(2)　アレルギーへの対応

アレルギー疾患対策基本法

　2015（平成27）年12月25日に、アレルギー疾患対策の一層の充実を図るためにアレルギー疾患対策基本法が施行された。同法は、「アレルギー疾患対策に関し、基本理念を定め、国、地方公共団体、医療保険者、国民、医師その他の医療関係者及び学校等の設置者又は管理者の責務を明らかにし、並びにアレルギー疾患対策の推進に関する指針の策定等について定めるとともに、アレルギー疾患対策の基本となる事項を定めることにより、アレルギー疾患対策を総合的に推進することを目的」（第1条）とし、「学校、児童福祉施設、老人福祉施設、障害者支援施設その他自ら十分に療養に関し必要な行為を行うことができない児童、高齢者又は障害者が居住し又は滞在する施設（以下

「学校等」という。）の設置者又は管理者は、国及び地方公共団体が講ずるアレルギー疾患の重症化の予防及び症状の軽減に関する啓発及び知識の普及等の施策に協力するよう努めるとともに、その設置し又は管理する学校等において、アレルギー疾患を有する児童、高齢者又は障害者に対し、適切な医療的、福祉的又は教育的配慮をするよう努めなければならない」（第9条）と、学校などの設置者等の責務を定めている。

保育所におけるアレルギー対応ガイドライン

　食物アレルギーだけではなく、なんらかのアレルギー疾患がある子どもが年々増加する傾向にあり、保育所での対応が重要になっている。食物アレルギーに関しては、「保育所におけるアレルギー対応にかかわる調査研究」[4]によると、2008（平成20）年度の1年間に29%の保育所で誤食事故が発生している。この対策として、2011（同23）年3月に「保育所におけるアレルギー対応ガイドライン」（以下、「ガイドライン」という）が作成された。ガイドラインでは、保育所職員が行う、保育所での具体的な対応方法や具体的な取り組み方法が示された。また、保護者も含めた保育所を取り巻く関係機関がアレルギーのある子どもの状況を理解して、連携しながら組織的に取り組む必要があることを提示している。ガイドラインは、保育所においてアレルギーのある子どもへの対応の基本を示すものとして各保育所で活用されるものとなった。

　その後、ガイドラインは策定から8年が経過し、その間、保育所保育指針の改定や関係法令等が制定され、2019年4月にガイドラインの改訂が行われた。「保育所におけるアレルギー対応ガイドライン（2019年改訂版）」は、保育所保育指針に基づき、保育所における子どもの健康と安全の確保に資するよう、乳幼児期の特性を踏まえたアレルギー対応の基本を示し、保育士等の職員が医療関係者や関係機関との連携のもと、各保育所においてアレルギー対応に取り組む際に活用することを目的としている。

　ガイドライン（2019年改訂版）では、「第Ⅰ部：基本編」と「第Ⅱ部：実践編」の二部構成に再編されている。基本編では、①保育所におけるアレルギー対応の基本、②アレルギー疾患対策の実施体制、③食物アレルギーへの対応の三部構成になっている。実践編では、保育所におけるアレルギー対応に関する、子どもを中心に据えた、医師と保護者、保育所の重要なコミュニケーションツールである生活管理指導表*14に基づく対応を解説している。乳幼児がかかりやすい代表的なアレルギー疾患ごとの特徴、原因、症状、治療を明記したうえで、保育所で対応を行うにあたっての具体的な解説が記載されている。

*14　生活管理指導表
生活管理指導表は、アレルギー疾患により保育所で特別な配慮や管理が必要な場合、かかりつけ医に記載を依頼し、入所時や診断時、およびそれ以降1年に1回以上、子どもの状態に応じて再提出を行う。

【保育所におけるアレルギー対応の基本原則】 5)

① 全職員を含めた関係者の共通理解のもとで、組織的に対応する。
- ・ アレルギー対応委員会等を設け、組織的に対応する
- ・ アレルギー疾患対応のマニュアルの作成と、これに基づいた役割分担を行う
- ・ 記録に基づく取り組みの充実や緊急時・災害時などさまざまな状況を想定した対策を行う

② 医師の診断指示に基づき、保護者と連携し、適切に対応する。
- ・ 生活管理指導表（表5−7、表5−8）に基づく対応が必須である

③ 地域の専門的な支援、関係機関との連携のもとで対応の充実を図る。
- ・ 自治体支援のもと、地域のアレルギー専門医や医療機関、消防機関等と連携する

④ 食物アレルギー対応においては安全・安心の確保を優先する。
- ・ 完全除去対応（提供するか・しないか）
- ・ 家庭で食べたことのない食物は、基本的に保育所では提供しない

食物アレルギーに対応した食事

　食物アレルギーに対応した食事は、アレルギー症状を発症することなく食事をとることを目的とし、抗原となる食物（アレルゲン）を必要最小限、除去することが基本となる。そのためには、医師の「診断」に基づいて、原因アレルゲンの診断を正しく行うことが必要である。食物アレルギーは対象者ごとに原因となる食物が異なり、治癒していく年齢もさまざまである。また、加熱や調理・加工によりアレルギー反応が低減化して食べられる場合があるので個別対応が必要となる。食事については、以下の5つのポイントがあげられている。

① 医師の「診断」に基づいてすすめる。
② アレルゲン除去食は、症状を起こさずに食べることのできる量の食事摂取を目的とし、必要以上の除去を行わないようにする。
③ 食事にアレルゲン混入が起こらないように安全性を確保する。
④ 安全に食事摂取するための食品表示の見方などの食事指導を行うとともに、家庭と保育所・学校、またそれぞれの施設内においての情報共有を生活管理指導表などを用いて行うようにするための体制づくりをする。
⑤ 食物アレルギーを発症しやすい乳幼児期は成長期であるため、栄養面での配慮は重要である。正しいアレルギー診断に基づいて食品除去は最小限にとどめて、除去する食品の種類と症状を起こさずに食べることのできる量に応じて代替食を行う。

表5－7　保育所におけるアレルギー疾患生活管理指導表（食物アレルギー・アナフィラキシー・気管支ぜん息）

名前＿＿＿＿＿＿＿　男・女　＿＿年＿＿月＿＿日生（＿＿歳＿＿ヶ月）＿＿＿組　　　提出日　＿＿年＿＿月＿＿日

※この生活管理指導表は、保育所の生活において特別な配慮や管理が必要となった子どもに限って、医師が作成するものです。

緊急連絡先
★保護者
電話：
★連絡医療機関
医療機関名：
電話：

食物アレルギー（あり・なし）／アナフィラキシー（あり・なし）

病型・治療

A. 食物アレルギー病型
1. 食物アレルギーの関与する乳児アトピー性皮膚炎
2. 即時型
3. その他（新生児・乳児消化管アレルギー・口腔アレルギー症候群・食物依存性運動誘発アナフィラキシー・その他： ）

B. アナフィラキシー病型
1. 食物（原因： ）
2. その他（医薬品・食物依存性運動誘発アナフィラキシー・ラテックスアレルギー・昆虫・動物のフケや毛）

C. 原因食品・除去根拠　該当する食品の番号に〇をし、かつ（ ）内に除去根拠を記載
［除去根拠］該当するものを全て（ ）内に番号を記載
①明らかな症状の既往 ②食物負荷試験陽性 ③IgE抗体等検査結果陽性 ④未摂取
1. 鶏卵（ ）
2. 牛乳・乳製品（ ）
3. 小麦（ ）
4. ソバ（ ）
5. ピーナッツ（ ）
6. 大豆（ ）
7. ゴマ（ ）
8. ナッツ類*（すべて・クルミ・カシューナッツ・アーモンド・ ）
9. 甲殻類*（すべて・エビ・カニ・ ）
10. 軟体類・貝類*（すべて・イカ・タコ・ホタテ・アサリ・ ）
11. 魚卵*（すべて・イクラ・タラコ・ ）
12. 魚類*（すべて・サバ・サケ・ ）
13. 肉類*（鶏肉・牛肉・豚肉・ ）
14. 果物類*（キウイ・バナナ・ ）
15. その他（ ）
［*は（ ）の中の該当する項目に〇をするか具体的に記載すること］

D. 緊急時に備えた処方薬
1. 内服薬（抗ヒスタミン薬、ステロイド薬）
2. アドレナリン自己注射薬「エピペン®」
3. その他（ ）

保育所での生活上の留意点

A. 給食・離乳食
1. 管理不要
2. 管理必要（管理内容については、病型・治療のC. 欄及び下記C. E欄を参照）

B. アレルギー用調整粉乳
1. 不要
2. 必要　下記該当ミルクに〇、又は（ ）内に記入
ミルフィーHP・ニューMA-1・MA-mi・ペプディエット・エレメンタルフォーミュラ
その他（ ）

C. 除去食品においてより厳しい除去が必要なもの
病型・治療のC. 欄で除去の際に、より厳しい除去が必要となるもののみに〇をつける
※本欄に〇がついた場合、該当する食品を使用した料理については、給食対応が困難となる場合があります。
1. 鶏卵：　卵殻カルシウム
2. 牛乳・乳製品：　乳糖
3. 小麦：　醤油・酢・麦茶
6. 大豆：　大豆油・醤油・味噌
7. ゴマ：　ゴマ油
12. 魚類：　かつおだし・いりこだし
13. 肉類：　エキス

D. 食物・食材を扱う活動
1. 管理不要
2. 原因食材を教材とする活動の制限（ ）
3. 調理活動時の制限（ ）
4. その他（ ）

E. 特記事項
（その他に特別な配慮や管理が必要な事項がある場合には、医師が保護者と相談のうえ記載。対応内容は保育所が保護者と相談のうえ決定）

記載日　　　年　　月　　日
医師名
医療機関名

電話

気管支ぜん息（あり・なし）

病型・治療

A. 症状のコントロール状態
1. 良好
2. 比較的良好
3. 不良

B. 長期管理薬（短期追加治療薬を含む）
剤形：
投与量（日）：
1. ステロイド吸入薬
2. ロイコトリエン受容体拮抗薬
3. DSCG吸入薬
4. ベータ刺激薬（内服・貼付薬）
5. その他（ ）

C. 急性増悪（発作）治療薬
1. ベータ刺激薬吸入
2. ベータ刺激薬内服
3. その他（ ）

D. 急性増悪（発作）時の対応（自由記載）

保育所での生活上の留意点

A. 寝具に関して
1. 管理不要
2. 防ダニシーツ等の使用
3. その他の管理が必要（ ）

B. 動物との接触
1. 管理不要
2. 動物への反応が強いため不可
動物名（ ）
3. 飼育活動等の制限（ ）

C. 外遊び、運動に対する配慮
1. 管理不要
2. 管理必要
（管理内容： ）

D. 特記事項
（その他に特別な配慮や管理が必要な事項がある場合には、医師が保護者と相談のうえ記載。対応内容は保育所が保護者と相談のうえ決定）

記載日　　　年　　月　　日
医師名
医療機関名

電話

●保育所における子どもの日常の取り組み及び緊急時の対応に活用するため、本表に記載された内容を保育所の職員及び消防機関・医療機関等と共有することに同意しますか。
・同意する
・同意しない

保護者氏名

出典：厚生労働省「保育所におけるアレルギー対応ガイドライン（2019年改訂版）」2019年　p.8

140

表5-8　保育所におけるアレルギー疾患生活管理指導表（アトピー性皮膚炎・アレルギー性結膜炎・アレルギー性鼻炎）

名前＿＿＿＿＿＿　男・女　＿＿＿年＿＿月＿＿日生（＿＿歳＿＿ヶ月）　＿＿＿組　　　　提出日　　年　　月　　日

※この生活管理指導表は、保育所の生活において特別な配慮や管理が必要となった子どもに対して、医師が作成するものです。

アトピー性皮膚炎（あり・なし）

病型・治療

A. 重症度のめやす（厚生労働科学研究班）
1. 軽症：面積に関わらず、軽度の皮疹のみみられる。
2. 中等症：強い炎症を伴う皮疹が体表面積の10%未満にみられる。
3. 重症：強い炎症を伴う皮疹が体表面積の10%以上、30%未満にみられる。
4. 最重症：強い炎症を伴う皮疹が体表面積の30%以上にみられる。
※軽度の皮疹：軽度の紅斑、乾燥、落屑主体の病変
※強い炎症を伴う皮疹：紅斑、丘疹、びらん、浸潤、苔癬化などを伴う病変

B-1. 常用する外用薬
1. ステロイド軟膏
2. タクロリムス軟膏（「プロトピック®」）
3. 保湿剤
4. その他（　　　　）

B-2. 常用する内服薬
1. 抗ヒスタミン薬
2. その他（　　　　）

C. 食物アレルギーの合併
1. あり
2. なし

保育所での生活上の留意点

A. プール・水遊び及び長時間の紫外線下での活動
1. 管理不要
2. 管理必要

B. 動物との接触
1. 管理不要
2. 動物への反応が強いため不可　動物名（　　　　）
3. 飼育活動等の制限（　　　　）
4. その他（　　　　）

C. 発汗後
1. 管理不要
2. 管理必要（管理内容：　　　）
3. 夏季シャワー浴（施設で可能な場合）

D. 特記事項
（その他に特別な配慮や管理が必要な事項がある場合には、医師が保護者と相談のうえ記載。対応内容は保育所が保護者と相談のうえ決定）

記載日　　年　　月　　日
医師名
医療機関名
電話

アレルギー性結膜炎（あり・なし）

病型・治療

A. 病型
1. 通年性アレルギー性結膜炎
2. 季節性アレルギー性結膜炎（花粉症）
3. 春季カタル
4. アトピー性角結膜炎
5. その他（　　　）

B. 治療
1. 抗アレルギー点眼薬
2. ステロイド点眼薬
3. 免疫抑制点眼薬
4. その他（　　　）

保育所での生活上の留意点

A. プール指導
1. 管理不要
2. 管理必要（管理内容：　　　）
3. プールへの入水不可

B. 屋外活動
1. 管理不要
2. 管理必要（管理内容：　　　）

C. 特記事項
（その他に特別な配慮や管理が必要な事項がある場合には、医師が保護者と相談のうえ記載。対応内容は保育所が保護者と相談のうえ決定）

記載日　　年　　月　　日
医師名
医療機関名
電話

アレルギー性鼻炎（あり・なし）

病型・治療

A. 病型
1. 通年性アレルギー性鼻炎
2. 季節性アレルギー性鼻炎（花粉症）　主な症状の時期：春　夏　秋　冬

B. 治療
1. 抗ヒスタミン薬・抗アレルギー薬（内服）
2. 鼻噴霧用ステロイド薬
3. 舌下免疫療法
4. その他（　　　）

保育所での生活上の留意点

A. 屋外活動
1. 管理不要
2. 管理必要（管理内容：　　　）

B. 特記事項
（その他に特別な配慮や管理が必要な事項がある場合には、医師が保護者と相談のうえ記載。対応内容は保育所が保護者と相談のうえ決定）

記載日　　年　　月　　日
医師名
医療機関名
電話

●保育所における日常の取り組み及び緊急時の対応に活用するため、本表に記載された内容を保育所の職員及び消防機関・医療機関等と共有することに同意しますか。
・同意する
・同意しない
保護者氏名＿＿＿＿＿＿

（3）　アレルギーと給食

給食（保育所でのおやつも含む）における食物アレルギーへの対応

　給食における食物アレルギーへの対応は、誤食や誤飲などにおける事故を予防するために、「完全除去」または「解除」を基本とする。調理中の混入や配膳ミスがないように、事故を予防する対応が望まれる。

　給食提供における食物アレルギーへの対応方法は5つある。

①　献立表対応

　料理ごとの原材料をすべて献立表に記載し、保護者に事前に伝える。保護者はその献立表に基づいて、「食べる料理」と「食べない料理」を決め、子どもと保育所に伝える。

②　除去食

　原因食物を除いた給食を提供する。安全性を最優先に考えた際の基本となる対応である。

③　代替食

　原因食物を除き、代わりとなる食品を補った給食を提供する。食物アレルギーへの対応として最も望ましい対応方法である。

④　弁当持参

　保育所の施設の問題や食べることができない原因食物が多いなどの理由で、除去食や代替食の調理が困難な場合には自宅から弁当を持参する。完全弁当持参と一部弁当持参の場合がある。この場合には、衛生面や栄養面で配慮するように保護者に伝える。

⑤　すべての子どもに食物アレルギー対応食を提供

　食物アレルギー対応食を食物アレルギーのない子どもにも提供する（みんないっしょの給食）。原因食物の混入の心配がなく安全である。食物アレルギーのない子どもの保護者の理解が必要である。

⑥　共通献立メニュー

　アレルギー症状を誘発するリスクの高い食物が少ないか、またはそうした食物を使わない献立メニューを取り入れ、食物アレルギーのリスクを考えた取り組みを工夫する。

保育室における給食提供の注意事項

①　職員朝礼時

- ・保育士は子どもの出席状況（早退、遅刻の場合も給食室へ随時報告）や体調など、家庭からの連絡事項などを報告する。
- ・栄養士または調理員（保育士）が除去食の内容を報告する。

　上記のことは、全職員に周知する。遅番などで朝礼に出席できない職員に
も確実に伝達し、周知徹底する。

② 配膳時

- 給食室から給食を受けとるとき
・ 給食を受けとる保育士と渡す栄養士または調理員の間で、献立表、食
　物アレルギーのある子どもの名前と除去内容を必ず確認する。食材変
　更のある場合は、記入した献立カードをつくり、給食室から保育室へ
　の情報伝達を確実に行う。
・ リフトやワゴンなどで給食を運ぶ場合にも、保育士が給食を受けとる
　ときに必ず確認を行う。また、リフトで上げる順番や置き場所を給食
　室（栄養士、調理員）と保育士間で事前に打ち合わせをしておく。
　　（例）
　　　　栄養士または調理員「今日の給食の確認をお願いします」
　　　　保育士「はい、○○組Aくんの献立は□□で、除去食物は××で、
　　　　　　代替は△△ですね（△△抜きですね）」
・ 栄養士または調理員は、個人トレー（お盆）の除去食の内容を確認し、
　「配膳確認表」「連絡カード」などにサインをし、保育士は給食を受け
　とり、「配膳確認表」などにより内容に不備や誤りがないか確認し、受
　取欄にサインをする。
・ 給食を受けとった保育士は、子どもに提供する前に、ほかの保育士と
　除去食の内容を確認する（複数確認）。

③ 保育室にて

- 座席
・ 給食対応が必要な食物アレルギーのある子どもの座る位置は常に一定
　にする。食物アレルギーのある子どものみ別のテーブルにするなどの
　配慮をする。
・ 乳児の場合は、ほかの子どもの手が届かない位置まで離す。
- 食物アレルギーのある子どもへの配膳
・ 担当保育士が、食物アレルギーのある子どものそばに座ってから配膳
　する。
・ 食物アレルギーのある子どもの配膳を先に行う（食べるときまで食品
　用ラップで包む、または蓋をする）。
・ 担当保育士は、食物アレルギーのある子どもの名前、除去内容を確認
　し、子どもの正面に配膳する。

- 食事中
- ・担当保育士は、食事終了まで子どものそばを離れないようにする。やむなく席を離れることもあるので、食事時間は2人の保育士で対応することが望ましい。
- ・食物アレルギーのある子どもがほかの子どもの給食を食べないように、また拾い食いをしないように十分に気をつける（こぼさないように食べることや、下に落ちたものは口に入れないことを子どもに伝える）。
- ・お手ふきは個人のものを使用し、使い回しをしないようにする。
- ・こぼしたらすぐにふく。
- ・テーブルふきや床をふいた雑巾は、子ども用の流し台ですすがないようにする（保育室に職員用の流し台がない場合は、多めの台ふきや雑巾を用意し、すすぎの必要がないように準備しておく）。
- 食後から片付け
- ・舞い上がったアレルゲンを吸い込む危険があるので、掃除がすむまで子どもを保育室から離す。
- ・食後は、食べこぼしに注意しながら、保育室の机、椅子などすみずみまで丁寧に清掃する。
- ・食べこぼしたものが、エプロンや服についていて落ちることがあるので、食後はエプロンや服をはらう。
- ・ゴミは、子どもの手の届かないところに捨てる。
- ・「食後点検表」などに基づき点検し、清掃終了時にサインをする。

　給食の配膳・確認方法は、保育所によって事情が異なる。市町村の対応マニュアルがある場合は、それに基づき、各保育所において誤食事故が起こらないように配膳時の確認と全職員への周知徹底の方法を検討したうえで対応する。

【初出一覧】
■第1節　寺嶋昌代「子どもの疾病と体調不良」岩田章子・寺嶋昌代編『新版 子どもの食と栄養』みらい　2018年　pp.166-170（第8章第1節2）
■第2節　高橋淳子「障がいのある子どもの食生活」岩田章子・寺嶋昌代編『新版 子どもの食と栄養』みらい　2018年　pp.170-177（第8章第2節）
■第3節　小野内初美「アレルギーへの対応」岩田章子・寺嶋昌代編『新版 子どもの食と栄養』みらい　2018年　pp.177-187（第8章第3節）

【引用文献】
1）日本アレルギー学会監修『アナフィラキシーガイドライン』日本アレルギー学会　2014年　p.1

２）海老澤元宏・伊藤浩明・藤澤隆夫監修『食物アレルギー診療ガイドライン 2016』
　　協和企画　2016年　p.20
３）厚生労働省「保育所におけるアレルギー対応ガイドライン」2011年　pp.55－56
４）こども未来財団「保育者におけるアレルギー対応にかかわる調査研究」『平成21年
　　度　児童関連サービス調査研究等事業報告書』2010年
５）厚生労働省「保育所におけるアレルギー対応ガイドライン（2019年改訂版）」2019
　　年　p. 6

【参考文献】

飯塚美和子・瀬尾弘子・曽根眞理枝・濱谷亮子編『最新子どもの食と栄養［第 8 版］』
　　学建書院　2017年

岡崎光子編著『子どもの食と栄養』光生館　2016年

小川雄二編著『子どもの食と栄養［第 2 版］』建帛社　2015年

平山諭・清水良三・杤尾勲編著『障害児保育コンセンサス──発達ニーズをもつ子ども
　　のために』福村出版　1995年

金子芳洋編『食べる機能の障害その考え方とリハビリテーション』医師薬出版　1987年

石部元雄・平山諭・浦崎源次編『障害乳幼児の発達と指導』福村出版　1986年

青い鳥学園『障害幼児の保育実践』ぶどう社　1983年

障害児教育実践体系刊行委員会編『乳幼児期』労働旬報社　1985年

佐藤和人・本間健・小松龍史編『エッセンシャル臨床栄養学［第 8 版］』医歯薬出版
　　2016年

本田佳子・土江節子・曽根博仁編『臨床栄養学基礎編［改訂第 2 版］』羊土社　2016年

海老澤元宏・伊藤浩明・藤澤隆夫監修『食物アレルギー診療ガイドライン 2016』協和
　　企画　2016年

宇理須厚雄・伊藤浩明監、認定NPO法人アレルギー支援ネットワーク編『これだけで
　　わかる食物アレルギー──基礎的な知識から専門的な対応まで』みらい　2016年

海老澤元宏監修『食物アレルギーのすべてがわかる本』講談社　2014年

安藤京子編著『愛知文教女子短期大学がお届けするみんないっしょの楽しい給食』芽ば
　　え社　2013年

海老澤元宏監修、佐藤さくら・柳田紀之編『小児食物アレルギーＱ＆Ａ』日本医事新報
　　社　2016年

中村丁次ほか編『食物アレルギーＡ to Ｚ──医学的基礎知識から代替食献立まで』第一
　　出版　2014年

佐倉市健康こども部子育て支援課「食物アレルギー対応マニュアル」2015年
　　（http://www.city.sakura.lg.jp/cmsfiles/contents/0000008/8578/271syokumotuareru
　　gimanyuaru.pdf）

相模原市健康福祉局こども育成部保育課「相模原市立保育園食物アレルギー対応マニュ
　　アル」2013年
　　（http://www.city.sagamihara.kanagawa.jp/dbps_data/_material_/_files/000/000/
　　025/500/allergy_manual_cyouri_02.pdf）

厚生労働省「保育所におけるアレルギー対応ガイドライン（2019年改訂版）」2019年

第 6 章

保健・衛生管理と安全対策

1 保健・衛生管理

(1) 食事の重要性

　子ども、大人にかかわらず、「食事」の重要性はどこにあるのだろうか。日常繰り返される食事を私たちは「エネルギー補給」とみていないだろうか。車にガソリンを入れると車は走る。しかし、ガソリンを入れても車体そのものがガソリンによって新しくなることはない。しかし、人間をはじめとした生物にとっての食事は活動のエネルギーを生み出すだけでなく、体そのものを形づくる。つまり、日々の食事により皮膚の細胞から、血液、骨に至るまで一定のリズムをもってつくり変えられているのである。私たちの体は植物や動物を食することによって育まれ、刷新されている。「いただきます」という食前のあいさつは、食される命への畏敬の念が含まれていて、食習慣として子どもに教育したい事柄である。

　食事を通して子どもを育む目的は、子どもが将来自分の命を大切にしながらたくましく生きていく力を身につけることである。そのためには正しい栄養の知識はもちろんのこと、現代社会における子どもの食にまつわる問題を把握することが大切である。

(2) 子どもの食習慣の問題点

朝食の欠食

　子どもの生活習慣のなかでも食習慣はきわめて重要である。第3章でも述べたように[*1]、朝食の欠食は生活習慣の夜型化に起因していると考えられ、食べる時間も食欲も十分でないことが多い。食物によって体のすべてがつくられることを考えると、幼児期における朝食の欠食は成長にとって大きな問題である。

*1
朝食の欠食について、詳しくは、第3章4(3)(p.101)を参照。

おやつの与え方

　時間を決めず幼児が欲しがるときにおやつを与える保護者は、2010（平成22）年の日本小児保健協会による「幼児健康度調査」において全体で23.0%であり、内容も甘い物に偏る保護者が12.7%という結果である。子どもにとって、おやつは食事の一部であり、成長過程にあわせた食育が必要である＊2。

生活習慣病の予防

　不適切な食習慣によって、子どもにも生活習慣病のおそれがある症状が認められ、解決が難しい問題となっている。主な問題は肥満、高血圧、高脂血症、糖尿病である。学童期の肥満は生活習慣病の温床になると考えられるが、ダイエット志向の極端なやせにも注意をしていかなければならない＊3。

＊2
間食について、詳しくは、第3章4(3)(p.101)を参照。

＊3
肥満については、第3章4(3)(p.102)を参照。ダイエット志向については、第3章4(2)(p.100)を参照。

(3)　排泄の習慣

排泄の自立

　排泄の自立には、腎臓機能の発達、排泄にかかわる脳、神経、膀胱括約筋の発達のほか、言葉による意思表示ができること、便器に腰をかけるなどの運動機能の発達も必要である。これらの発達を待つと、特別なトレーニングをすることなく自然に短期間で排泄の自立をみることがあり、最近ではトイレットトレーニングを「おむつはずれ」という子ども主体の言葉でよぶこともある[1]。

　個人差はあるが、大脳皮質による尿意や便意の知覚がはじまるのは1歳を過ぎてからであり、コントロールできるようになるのは2歳〜2歳半といわれている[2]。また、尿回数は2歳頃になると1日10回程度に減少し、腎機能も3歳になると成人とほぼ同等となる。また、便は、離乳を完了し幼児食へと移行する頃には固形化し、回数も1日1〜2回となる。

　これらの発達を待たず、1歳以前からトイレットトレーニングを開始すると、自立に要する期間がかえって長くなることが知られている。この知識が一般化されてきたためか、わが国の調査では2歳〜2歳半でトレーニングを開始する保護者が最も多く、それに次いで2歳半〜3歳が多くなり、トレーニングの開始は遅くなる傾向にある[3]。便利なパンツ型おむつが普及し、おむつの世話や洗濯から早く解放されたいという気持ちが薄れてきたことも遅延の要因となっている。

　このトイレットトレーニング開始の時期遅延は、排泄をめぐる保護者との葛藤の機会が減り、子どもにとっては歓迎される事態かもしれないが、問題となるのは主に幼稚園入園の子どもたちである。近年、排泄の自立が遅れ、

147

おむつを装着して入園する子どもや、排泄の失敗をする子どもが目立つようになった。金山美和子らの調査（2005年）によると、4月に3歳児クラスで1人以上のおむつ使用児ありと回答した園は90％以上にのぼったという[4]。しかし、子どもは集団生活のなかで次第に自立し、6月頃になるとおむつを使用する割合はかなり減少する[5]。おむつをとって入園してもらいたいという考え方を、専門職として排泄自立への支援も積極的に行うという姿勢に転換していくべきだろう。

支援の実際

① トイレットトレーニングの開始時期

　排泄の自立への支援は、たとえ、どのようにすぐれたおむつや快適な子ども用トイレが開発されたとしても、生まれてはじめて排尿・排便をしたときから行うべきである。つまり、「おしっこが出たね。すっきりしたでしょう」「うんちがたくさん出たね。早くきれいにしましょう」と声をかけながらやさしくおむつを替えることによって、排泄が生きていくために必要不可欠であること、排泄の後は清潔にする必要があることを学んでいく。また、排泄の適切な世話を通して自分が受け入れられ、やさしくされることを学ぶ。この体験は将来、子どもがたくましく生きていく力や他者とのよい人間関係を構築する力へとつながる[6]。

表6－1　排泄自立の支援に際して保育者が観察する項目例

	観察項目	保育者の注意事項
保護者の準備	・子どもの排泄の自立を楽しみにしていて、少々の失敗は普通のことだと認識している。 ・保育者と協力して取り組もうとしている。 ・家庭のトイレを子どもが使いやすいように工夫しようとしている。	まず、保護者の希望に耳を傾ける。そのうえで子どもの発達の状態を告げて相談する。
子どもの準備	・上手に歩く。 ・「このゴミ、ポイしてください」などの簡単な言葉がわかり、ほめると喜ぶ。 ・日中の排尿回数が10回程度まで減っている。排尿の間隔が2時間程度になる。排尿時にブルッと震えるなどのサインがある。 ・排便時にいきむ様子がある。便回数は、多くても1日2～3回である。時間が一定してきて特定の場所で排便したがる子どももいる。 ・便の後、おむつを気にしてさわったり、のぞいたりする。	子どもの発するさまざまな個別のサインを観察する。排便の後、気持ち悪そうにしている子もいれば、機嫌がよい子どももいる。

②　トイレットトレーニングの方法

　保育の場における子どものトイレットトレーニングは、まず、子どもの身体的、心理的準備が整っているかを観察し、保護者とよく相談し、協力してはじめる。排泄の身体的発達の準備がおおよそ整ったことは、子ども自身がさまざまなサイン（表6－1）を出すことによってキャッチできる。

　開始にあたっての主な観察項目は表6－1のとおりであるが、日本の調査では、子どもの排泄に関与するサインや年齢を重視するよりも、夏に向かう季節を待ってはじめることが多いようである[7]。トイレットトレーニングの具体的な方法は表6－2に示した。

　本来なら個々の子どもの排泄のサインに応じて誘導を試みるとよいが、集団生活では難しい側面がある。そのため、子どもの生活リズムを利用するとよい。たとえば、散歩や外遊びの前、昼寝の後などからはじめる。失敗を恐れるあまり何回も誘導することは、膀胱に尿を溜める機能を発達させること

表6－2　排泄自立の支援方法

年齢の目安	自立の過程	支援方法と留意点
0歳	・排尿便ともおむつを使用している。	・おむつはやさしく声をかけながらこまめに交換する。
2歳頃	・排泄後に知らせることがある。 ・トイレに一緒に行き、付き添えば次第に排泄できるようになる。 ・着脱は保育者の手伝いを要する。 ・後始末はできない。 ・次第に排泄前に教えるようになる。 ・昼間は次第におむつがいらなくなるが失敗も多い。	・排泄の間隔を把握する。 ・子どもが示す個別のサインを観察する。 ・子どものサインを見逃さずにトイレに誘う。 ・成功したときは排泄物をきちんと見せて「たくさん出たね」と十分ほめる。 ・排泄前に知らせることができたら十分ほめる。 ・子どもの排泄物を「汚い」「臭い」といわない。 ・失敗しても叱らない。 ・便器に長く腰かけさせない。 ・いやがったら、一時的に中止する。 ・最初は水洗レバーやトイレットペーパーで遊ぶことがあるが、ある程度許容する。ただし、トイレの水は汚いことを教え、遊ばせてはいけない。 ・手洗いを手伝う。
3歳頃	・パンツをとれば自分で排泄できる。 ・排尿のときはふけるようになるが、上手ではない。 ・遊びに夢中のときは失敗することがある。 ・男子は次第に立ってできるようになるが個人差があり、パンツ・ズボンは脱いだほうが失敗が少ない。 ・おねしょは半数近くの子どもにみられる。 ・排泄物を流せる。	・男女別に排尿・排便の後始末の仕方を繰り返し教える。 ・レバーで水を流すことを教える。 ・手洗いを促す。必要なら一緒に洗う。 ・保護者には着脱の楽な服装をお願いする。パンツやズボンの替えを多めに用意してもらう。
4歳頃 5歳頃	・促さなくても自分のペースで排泄できるようになる。 ・パンツを下げて排泄ができるようになる。 ・男子は次第にパンツの開きから排尿できるようになる。 ・用便後、次第にふけるようになる。 ・夜間のおねしょ回数が減る。	・子どもの発達をみて、促しをやめる。 ・特に女子は排泄・排便時のふき方が正しいか確認する。 ・手洗いがきちんとできているか確認する。

●子どもが興味をもってトイレに
　入れる工夫をする
●トイレットペーパーはきらさな
　いように、また子どもがとりや
　すい位置に設置する

図6−1　子ども用トイレの例

ができず自立を遅らせる。子どもの排泄の発達をみながら、最終的にはトイレ誘導をやめる。

③　トイレ

　子どもが安心してトイレを使えるよう環境を工夫することが大切である。子どもの身長にあわせて適切な便器を用意する。子どもはおまるを好み、移動が簡単なのでよく使われるが、消毒が十分できないので、集団生活ではなるべく固定式の子ども用トイレを使うとよい（図6−1）。

夜　尿

　幼児期に多い夜尿、いわゆる「おねしょ」は年齢とともに次第に減少する。

　寝具の汚れを防ぐためには、専用のパンツ型紙おむつなどを使い、おねしょが自然に少なくなるのを待ちたい。あせったり叱ったりしてはいけない。保護者や保育者のゆったりした態度がよい結果につながる[8]。

　ぐっすりと眠っているときは、抗利尿ホルモンという尿を濃くして夜間の尿量を少なくするホルモンが分泌される。寝ているときに起こすと、このホルモンの分泌に影響を与え、尿量が増えるので、逆効果となる。

　水分は、寝る前は控えめに、日中はたっぷり与える。夕食の味つけを薄くすればのどが渇くことがなく、余分な水分摂取を控えることができる。昼間は子どものペースにあわせ、膀胱に尿がしっかり溜まってから排尿させるようにする。

　睡眠や排尿の機能が成人と同程度に発達する5歳を過ぎても夜尿が続く場合は、「夜尿症」が疑われる[9][10]。小学校入学以後も続くようであれば、小児科か泌尿器科の専門医を受診し、ホルモン分泌や膀胱に異常がないか、適切な検査や診断を受けることが望ましい。治療によっては夜間強制覚醒をさせる場合もあるが、医師の指示のもとに行う必要がある。

⑷　睡眠の習慣

健康と睡眠

　生物の身体には地球の自転時間に近い24時間前後の体内リズムがあり、概日リズムとよばれている。人間の場合、24時間よりもやや長い周期である[11]。そのため、24時間にこのリズムをあわせる体内システムが必要となる。このシステムをつかさどっている生体時計ともよばれる場所は、大脳の視交叉上核である（図6－2）。この生体時計によって、睡眠・覚醒、体温調節、ホルモン分泌などのリズムがつくられている。

　生体時計が24時間のリズムを保つには、朝の光や食事、活動が必要である。図6－2のように起床後、つまり朝日を浴びた後、12～14時間経過すると、松果体からメラトニンという眠りに誘うホルモンが分泌され、睡眠への準備がはじまる。したがって、逆に夕方から夜に光を浴びると概日リズムは延長し、24時間とのずれが大きくなり体調不良を招くといわれている[12]。

子どもの睡眠

① 子どもの睡眠の現状

　表6－3は、1～3歳児の生活時刻を示している。これをみると、どの年齢区分でも21時過ぎには就寝しているが、これは平均値であり、別の調査（図6－3）では1～3歳児の半数以上が午後10時以降に就寝していることがわかる。また、子ども、成人ともに年々、睡眠時間は短縮傾向にある。特に、小・中・高校生の短縮傾向は著しく、高校生女子は調査集団の最短を示し、1992（平成4）年、平均6時間49分であったものが、2006（同18）年には6時間17分となった[13]。睡眠時間と死亡は関連があり、大人は7時間程度の睡眠が死亡リスクが低いといわれ[14]、幼児期から睡眠の重要性を指導していく必要がある。

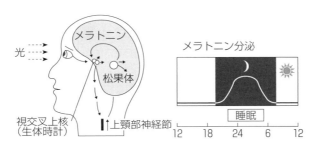

図6－2　生体時計とメラトニン

出典：大川匡子「睡眠の生物学的発達―睡眠とそのリズム」『小児看護』
　　　28巻11号　へるす出版　2005年　p.1451

表6-3　幼児（1～3歳）の生活時刻

区　分	起　床		朝食開始		登園・外出 (家を出る時刻)		昼食開始		昼寝入眠		昼寝起床		夕食開始		就　寝	
	時	分	時	分	時	分	時	分	時	分	時	分	時	分	時	分
1　歳	7	6	7	46	9	54	12	7	13	17	15	00	18	28	21	15
2　歳	7	11	7	43	9	33	12	00	13	22	15	8	18	32	21	21
3　歳	7	9	7	36	8	53	11	52	13	44	15	12	18	28	21	7
全　体	7	9	7	42	9	25	11	59	13	25	15	6	18	30	21	15

（注）調査対象は、愛知県在住の1～3歳児の父母800世帯（有効数562世帯）。うち父母の結果がそろった
　　　500世帯を分析。平成19年6～7月。法調査。平日の生活の平均時刻。
出典：社会福祉法人全国私立保育園連盟「乳幼児の育児と生活に関する実態調査」2008年
　　　母子愛育会日本子ども家庭総合研究所『日本子ども資料年鑑2009』KTC中央出版　2009年　p.304を
　　　一部改変

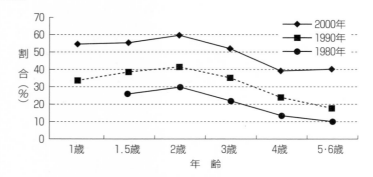

図6-3　午後10時以降に就寝する割合

出典：石原金由「乳幼児期の睡眠の実態とその問題点」『小児看護』第28巻第11
　　　号　へるす出版　2005年　p.1462

② 　睡眠の深さ

　睡眠は、その深さによってレム睡
眠（Rapid Eye Movement：脳波上
は覚醒しており眼球の動きがみられ
る浅い眠り）とノンレム睡眠（図中
の1～4）に分けられる（図6-4）。
加齢により睡眠パターンは変化する
が、図のように、子どもの睡眠は睡
眠段階3、4の深睡眠が多く出現す
ること、ノンレム睡眠の後半にレム
睡眠が多くあらわれること、睡眠中
の覚醒がほとんどないことが特徴で
ある[15]。ノンレム睡眠は大脳の眠り
ともいわれ、成長ホルモンが分泌さ

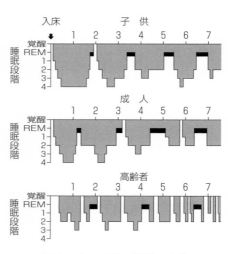

図6-4　一晩の睡眠の変化

出典：大川匡子「睡眠の生物学的発達―睡眠とそ
　　　のリズム―」『小児看護』第28巻第11号
　　　へるす出版　2005年　p.1453

れ、身体の修復や成長、疲労回復、免疫増進などが行われる。レム睡眠は身体の睡眠で、脳は活発に動いている。夢をみながら記憶の固定や消去、学習が行われているといわれ、脳の発達に欠かせない眠りである[16]。

③　睡眠・覚醒リズムの発達

28～30週の胎児には睡眠・覚醒の周期がみられるという。新生児は睡眠・覚醒が３～４時間の周期で繰り返され、昼夜の別はない（図６－５の黒い筋が睡眠を表す）。生後１～２か月頃から次第に昼間の覚醒時間が多くなり、夜間も切れ切れだった睡眠がつながってくる。生後３～４か月頃になると夜に長く寝るようになる。

しかし、睡眠周期が形成される乳児期では夜泣きの問題があり、保護者を

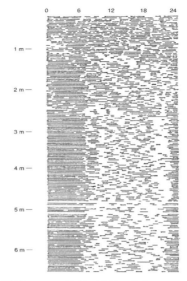

横軸は１日の時刻、縦軸は月齢。１日１行で黒塗りの部分が睡眠を示す。

図６－５　正常乳児の睡眠覚醒リズムの発達

出典：瀬川昌也「睡眠機構とその発達」『小児医学』第20巻　1987年　pp.828－853

苦しめることがある。乳児の小さな身体が24時間周期の生活に適応するという大事業を展開していることを親に知ってもらい、少し長い目で見てもらうことも必要だが、保育者は苦しむ親の気持ちを受けとめ、適切なアドバイスをする必要がある。朝日を浴び、日中は明るい環境で規則的な保育を受け、夜は早めに暗い環境で寝かせることが睡眠周期の形成を助ける。

１歳頃では日中も２回ほどの睡眠が必要であるが、４歳頃になると午後１回の睡眠となる。学齢期になると、夜間のみの睡眠周期となる。

④　昼寝の考え方

個人差はあるが、小学校入学頃までは午後１回の睡眠、いわゆる午睡（ごすい）が必要な場合が多い。

しかし、近年、乳幼児の睡眠時間が短縮傾向にあり、その主な原因は就寝時間の遅延といわれている。保育所での昼寝の目的が、短縮する睡眠時間の補充になると、必然的に所要時間が延長し、さらに家庭での就寝時間の遅延につながり、悪循環が生じる。簡単に解決できる問題ではないが、睡眠の重要性を保護者とともに考えつつ、保育所も昼寝を「デイリープログラム」ととらえるのではなく、個人の睡眠周期に沿ったものへと変化させる必要がある。

実際には、昼食後、眠気を損なう外遊びなどをせず、昼寝の時間にすること、長寝させず早めに起こすこと、昼寝をすることが辛い子どもにはほかの静かな遊びを提供するなどの工夫が必要である[17]。保育所では保護者と協力し合って昼寝を考えること、季節や子どものその日の体調にも配慮することが必要である。また、年長児では就学に配慮し、早寝早起きを心がけ、昼寝がなくても元気に遊べるようにしたい。

(5)　清潔習慣

清潔の重要性

　子どもは新陳代謝が盛んなため、汗や皮脂の分泌が多いうえ、食事や遊びの際に身体が汚れやすい。そのため、毎日清潔にしておかないと皮膚のトラブルを招く。身体を清潔にした後に、さっぱりとした気分を味わうことが清潔習慣の自立への第一歩となる。

　しかし、清潔にするということは無菌状態にするということではない。近年、抗菌や除菌商品が氾濫しているが、子どもの身体に細菌やウイルスに対する抵抗力が備わるためには、それらと接触することが不可欠である。生活のリズムを整え、バランスのよい食事や運動をし、清潔を保つことで自然と免疫力が高まるのであって、抗菌商品や消毒に依存してはいけない。

清潔の方法と自立

①　入　浴

　日本人は入浴を好む。お風呂には清潔だけではなく、子どもにとっては絶好の遊び場となり、スキンシップや心身をリラックスさせる効果もある。

　しかし、出生直後の産湯は、急激な肺血流量の増加による肺出血や、体温の低下、細菌感染などの危険性があるので、最近は簡単に血液などをふきとる方法をとることが多い。入浴は新生児の状態が安定してから行う。また従来、新生児はベビーバスを用いて入浴させていたが、家庭風呂であれば家族が抱いて入浴させても細菌学的には問題がないことがわかっている。

　湯の温度は、乳児期は夏38〜39℃、冬39〜40℃を目安にする。幼児期以後は好みでよいが、ぬるめのほうが皮膚や循環器に対する負担が少ない。入浴時間は生活のリズムを重視し、親の都合で夜中に入浴させることは避ける。夏季は入浴やシャワーの回数を増やしてよいが、石けんを使いすぎると皮膚の乾燥を招く。2〜3歳になったら、遊びの延長として小さなタオルを持たせ、自分でも洗えるところは洗わせる。小学生になるとほぼ自分で洗えるようになるが、それまでは親が仕上げをする必要がある。

子どもは頭皮からの皮脂や汗の分泌が
多いので、シャンプーは毎日行う。膝に
抱かれてシャンプーをしてもらっていた
子どもにとって、頭の上から湯をかけら
れることは、最初、非常に恐怖を感じる
ので無理じいせず、励ましながら時間を
かけて自立を図る。小学校低学年でも
シャンプーは上手にできない子どもが多

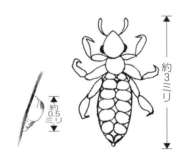

図6−6　頭シラミの卵と成虫（雌）

い。水泳をした日は頭シラミの予防のため、必ずよくシャンプーをする。

② 乳児のスキンケア

乳児は生理的な諸機能が未熟なことに加え、最近は皮膚も非常に未熟でデ
リケートな状態であることがわかってきた。そのため、汚ればかりではなく、
乾燥や物理的な刺激、紫外線からも皮膚を守らなければならない。

乳児の入浴は、皮膚をこすらないように、ガーゼを用いず手でやさしく行
い、シャワーで石けん分をよく落とし、水分をふきとるときも押さえるよう
に行う。石けんも刺激の強いものは避け、乳児用の全身洗浄剤や頭髪用シャ
ンプーを使用するとよい。入浴後は皮膚にあった保湿ローションを適量塗布
することが大切である。

同様に、顔をふいてやったとき、洗顔、水遊びの後などにも保湿ローショ
ンを用いてスキンケアを行う。日焼け止めクリームも保湿ローションをつけ
た後に塗布するとよい。

③ 手洗い

子どもは好奇心旺盛でさまざまなものに触れるため、多くの微生物が手に
付着している。したがって、登園時、外出後、遊びの後、食事の前後など、
手についた有害な微生物や汚れを取り除く必要がある。手を清潔にするのは、
石けんと流水を使ってよく洗うことが基本であり、乳児期からの習慣づけが
必要である（図6−7）。アルコールスプレーや消毒液は、使い方や濃度を
誤ると、かえって不潔になることがあり、皮膚への影響も考えられるので慎
重に行う。集団保育のトイレでは感染性胃腸炎の予防のため、手洗い後の温
風乾燥機かペーパータオルの設置が望ましい。

④ 爪切り・耳垢（耳あか）

乳児の爪は薄く、伸びていると顔に傷をつくりやすい。ぐっすり寝ている
ときに、乳児用の爪切りで切るとよい。幼児期は1週間に1度程度爪切りで
切って清潔にする。保育者は子どもの爪が清潔に保たれているか観察する。
小学校低学年から切り方や爪切りの頻度を教えながら自立を図る。

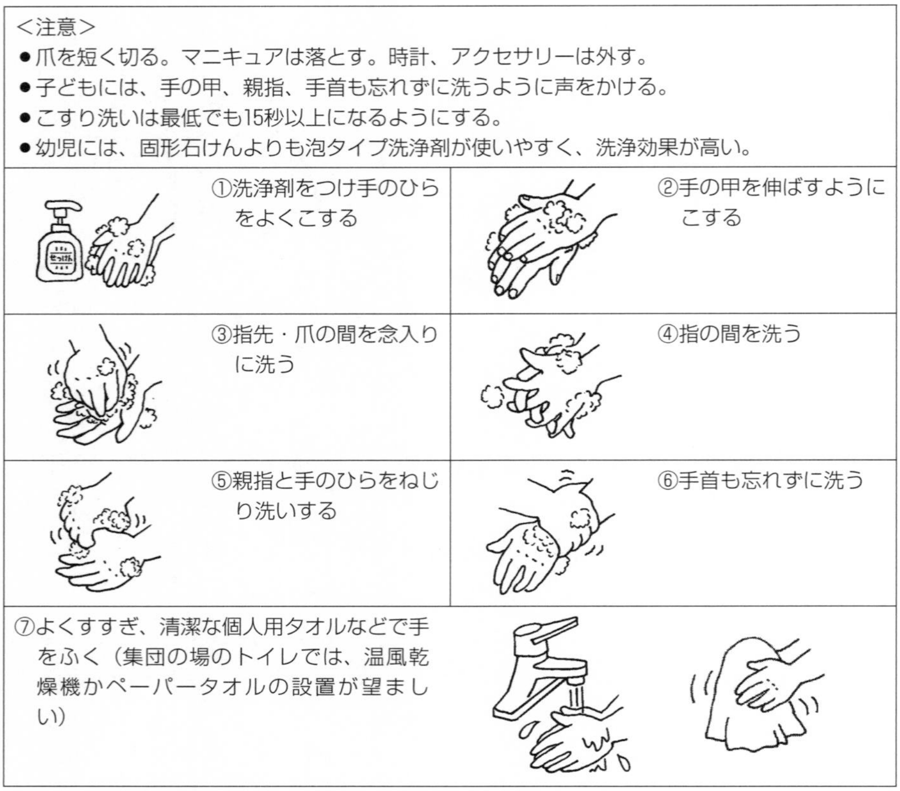

<表>

	<注意> ●爪を短く切る。マニキュアは落とす。時計、アクセサリーは外す。 ●子どもには、手の甲、親指、手首も忘れずに洗うように声をかける。 ●こすり洗いは最低でも15秒以上になるようにする。 ●幼児には、固形石けんよりも泡タイプ洗浄剤が使いやすく、洗浄効果が高い。	
	①洗浄剤をつけ手のひらをよくこする	②手の甲を伸ばすようにこする
	③指先・爪の間を念入りに洗う	④指の間を洗う
	⑤親指と手のひらをねじり洗いする	⑥手首も忘れずに洗う
⑦よくすすぎ、清潔な個人用タオルなどで手をふく（集団の場のトイレでは、温風乾燥機かペーパータオルの設置が望ましい）		

図6－7　流水による手洗い

出典：厚生労働省「新型インフルエンザに関するQ&A」等を参考に筆者作成

　耳垢は軟骨部でつくられる。耳垢を家庭で耳かきや綿棒を使ってとることは危険である。図6－8のように、乳幼児は軟骨部の奥に続く骨部が短く、鼓膜が浅いところにある[18]。そのため、綿棒で入り口付近の耳垢を押し込んでしまったり、耳かきで鼓膜を損傷させてしまう危険がある。恐怖心を植えつけると耳鼻科で耳垢をとる際、子どもの協力を得にくくなるといわれる。乳幼児の場合、家庭で耳掃除はせず、耳鼻科を受診する。

⑤　歯みがき

　日常の生活習慣の自立は、ほとんどが子どものペースにあわせることが原則であるが、歯みがきは時期を逸すると習慣づけが難しいので、乳児期から意図的に進めていく。

　むし歯予防は、よくかむことやバランスのよい食事が第一であるが、歯みがきも重要である。歯みがきは乳歯が生えはじめたら開始する。よだれが多い時期で自浄作用もあるので、「みがく」必要はなく、綿棒やガーゼで汚れをとってもよい。次第に歯ブラシを口に入れる感触に慣れさせる。

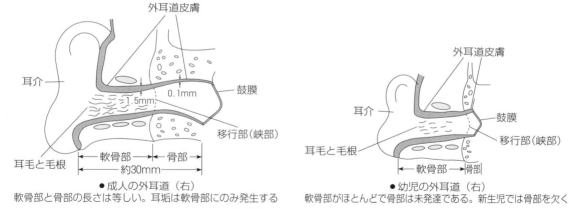

図6−8　成人の外耳道（左）と幼児の外耳道（右）：右耳

出典：飯沼壽孝「小児科医が知りたい・聞きたい『子どもの耳・鼻・のどQ&A』」
『小児科臨床』第59巻12号　日本小児医事出版社　2006年　p.2772

　1歳頃には、夕食後か就寝前、大人のひざに子どもの頭を乗せて、のぞき込むようにして歯をみがくことを習慣づける。口をすすぐことができないうちは、歯みがき剤はつけなくてよい。2歳頃には、食後のブクブクうがいを習慣づける。3歳頃からは、みがき方を少しずつ教える。幼児は自分では十分みがけないので、仕上げみがきが必要である。朝食後、夕食後は歯ブラシを用いてみがかせる。昼食やおやつの後も歯みがきをするのがよいが、やむを得ない場合はブクブクうがいをさせる。小学校低学年は永久歯が生えはじめる時期であり、幼児期から継続した適切な歯みがき指導が必要である。

　幼児期から定期的に歯科医による歯の健康診断を受け、同時にむし歯予防のためのフッ素塗布も行いたい。

(6)　衣服・寝具と健康

健康的な衣服

① 　衣服の機能

　衣服には、体温調節、気候調整、虫・紫外線などの環境危害からの防護機能がある。また、運動や休養をしやすくする働きがある。さらに、服装が儀礼や所属をあらわしたり、個性の表現になったりする。

　子どもは新陳代謝が活発で、成人に比べやや体温が高い。そのため、ハイハイをするなどよく動くようになったら、薄着にして熱の放散を助けてやるほうがよい。厚着にすると活動がしにくい。しかし、紫外線を避ける意味で、皮膚の極度の露出は避ける。

② 子どもの衣服の条件

子どもの皮膚に直接触れるものは、肌触りがよく、吸湿性のよい綿製品がよいが、皮膚の状態にあわせて刺激の少ない素材を選択する。

子どもの動きを妨げないこと、着脱が安全であること、活動中に事故の原因になるような余分なフードやひも、装飾品がついていないことが大切な要素である。そのほか、頻回（ひんかい）の洗濯に耐え、手頃な価格であることなどが一般的な条件となる。

また、衣服は常に清潔でなければならない。汚れた衣服は吸湿性や保湿性が落ち、皮膚のトラブルを招く。近年、衣服の汚染やサイズのあわない服やくつの着用が児童虐待のサインであることがあり、保育者は子どもの服装の観察も怠ってはならない。

洗濯をするときは、すすぎを十分に行う。皮膚が弱い子どもの衣類には柔軟剤、漂白剤などは用いないほうがよい。

③ 年齢に応じた衣服と着脱

乳児期前半は吸湿性がよく、肌触りのよい素材を選ぶ。足の動きを妨げるものはよくない。前あきのほうが、着脱が容易である。なお、この時期は乳児を抱くことが多いので、保護者も清潔な衣服を身につける。

乳児期後半は歩行への準備期間でもあるので、上下が一体型で動きやすいものがよい。ほとんどの乳児の上着は股下がボタンがけになっていて、おむつ交換がしやすいように工夫されている。カバーオールは、足首から先が出るものがよい。

幼児期は活動がさらに活発になるので、動きやすさや安全性を重視する。また、着脱の自立の時期であることを配慮して衣服を選択する。

着脱の自立はかなり個人差があるので、幼児期を通して子どものテンポにあわせて行う。子どもが衣服の着脱に興味を示すようであれば、しつけを開始する。はじめは大きなボタンをはずすことを遊びとしてさせるなど、楽しい雰囲気のなかで行うことが大切である。小学生になると、着脱はほとんどの子どもが自立しているので、季節や場所に応じた健康的な衣服の選択や服の組み合わせを少しずつ指導していく。

④ 帽子・くつ下・くつ

帽子は、太陽光線の下に長時間いるような場合は必ず着用させる。紫外線を避けるため、つばが広く首の後ろを覆う布がついたものがよい（図6−9）。着用時は帽子が視界をさえぎっていないか確認する。日陰で遊ぶときには必要ない。

くつ下は寒さの厳しい場合を除けば家のなかでは必要ない。特に、つかま

り立ちや、歩きはじめの乳幼児にとって、くつ下は足の裏の感覚を鈍らせ、滑りやすくさせるので危険である。乳児のくつ下は足底に滑り止め加工がしてあるものが多いが、履かせ方にも注意を要する。くつを着用するときは皮膚の保護と吸汗のため、くつ下が必要である。

図6−9　日よけのついたカラー帽

　くつは、特に歩きはじめの子どもには、慎重に選ぶ必要がある。この時期の子どもの足は指先が扇状に広がり、地面をとらえやすい構造をしている。そのため、つま先に1cmほどの余裕があり、甲のところでマジックテープで足にフィットさせるタイプのものがよい。また、足の踏みつけ部分が曲がりにくいと歩きにくいので、くつ底が柔らかく、地面のショックを吸収できるものを選ぶ。

　幼児期以後も、くつの選択は慎重に行う。成長にあわせることが大切で、足の変形を予防するため、大きすぎるものや、つま先にゆとりのないものは避ける。衝撃を吸収し、足の負担を軽くするため、くつ底はある程度の厚みがあり、かかと部分がしっかりしたものを選ぶ（図6−10a）。さらに歩きはじめのくつと同様に、くつ底を曲げたときに親指と小指のつけ根を結んだ線のところが、ある程度曲がるものがよい（図6−10b）。くつのひもが遊具に引っかかることがあるので注意する。不潔にならないよう洗えるものがよい。交通事故防止のため、かかと側に反射材のついたものが望ましい。

健康的な寝具

　寝具は、安全性や家庭の事情を考慮して選択すれば、ベッドでも布団でもよい。敷布団やマットは、硬めのほうが身体が沈み込まないので動きやすく、熱の放散を妨げない。かけ布団は、軽く保温性のあるものを使用する。季節によって、タオルケット、綿毛布、毛布などで調節する。子どもの寝具は、汗や排泄物で汚れやすいので、よく乾燥させ、洗えるものはこまめに洗って

●マジックテープで調節
●かかとがしっかりしたもの
●足先が広がった形
●かかと側に反射材がついたもの

図6−10a　幼児のくつの選び方①

●くつ底がある程度曲がるもの

図6−10b　幼児のくつの選び方②

清潔にする。

　気管支喘息やアトピー性皮膚炎などアレルギー素因のある子どもには、羽毛布団の使用は避けたほうがよい。洗えるものは洗うとともに、日に干した後は掃除機でダニの死骸や糞などをよく吸引してから使用する。アレルゲンとなりやすいダニやほこりの検出率を抑えた防ダニ処理をしてある寝具やシーツ・カバーも市販されている。

2　母子保健対策の現状と動向

(1)　主な母子保健対策

　わが国の母子保健対策は、思春期から妊娠、出産、育児期、さらに新生児期、乳幼児期を通じて総合的に進められている。以下、主な対策の概要について述べる。

妊娠の届出および母子健康手帳の交付

　妊娠した者は、速やかに市町村長に届出をすることになっており（母子保健法第15条）、届出をした者に対して母子健康手帳が交付される（同法第16条）。妊娠の届出は、妊娠した者を行政的に把握し、保健指導や健康診査など各種の母子保健対策を対象者にもれなく行き渡らせるようにするためのものである。また、母子健康手帳は、妊娠、出産、育児に関する一貫した健康記録であるとともに、妊娠と乳幼児に関する各種情報（行政情報、保健・育児情報など）を提供するものであり、新たな科学的知見や行政施策の動向などをふまえ、適宜内容の見直しが行われている。

　「健康記録」については、国で定めた全国統一の様式により、妊娠中の状況、出産時や産後の母体の経過や新生児から6歳になるまでの成長・発達の過程、保健指導や健康診査の結果などについて、妊産婦・保護者本人、医師、保健師などが記録できるようになっており、この記録を参考にしてその後の健康診査や保健指導などが行われる。なお、予防接種を受けた場合は母子健康手帳に必要な事項を記入することによって予防接種済証に代えることができる（予防接種法施行規則第4条第3項）。

　「情報提供」については、その事項は国の定めに基づくものの、具体的な内容は各市町村に委ねられており、きめ細やかな対応が可能となっている。

　このように「健康記録」と「情報提供」で構成される母子健康手帳は、母子保健対策を進めていくうえで、きわめて重要な意義をもつといえる。

妊産婦および乳幼児の保健指導など

① 母子保健相談指導事業

　都道府県および市町村は、母性または乳幼児の健康の保持増進のため知識の普及に努めており（母子保健法第9条）、また、市町村は妊産婦やその配偶者または乳幼児の保護者に対して、妊娠、出産または育児に関し、必要な保健指導を行っている（同法第10条）。具体的に、市町村では新婚学級、両親学級、育児学級などが実施されている。

② 家庭を訪問して行う保健指導（訪問指導）

　・ 妊産婦の訪問指導（母子保健法第17条）

　市町村長は、実施した妊産婦健康診査の結果に基づき、保健指導を要する者について助産師、保健師などによる訪問指導を行う。

　・ 新生児の訪問指導（母子保健法第11条）

　市町村長は、新生児であって、育児上必要があると認めるときは、保健師、助産師などによる訪問指導を行う。

　・ 未熟児の訪問指導（母子保健法第19条）

　市町村は、未熟児*4について、養育上必要があると認めるときは、保健師、助産師などによる訪問指導を行う。

③ 乳児家庭全戸訪問事業（こんにちは赤ちゃん事業）

　市町村が、児童福祉法第21条の10の2に基づき実施する事業で、原則として生後4か月を迎えるまでのすべての乳児のいる家庭を、保健師、保育士、母子保健推進員、児童委員*5などが訪問する。子育ての孤立化を防ぐために、さまざまな不安や悩みを聞き、子育て支援に関する必要な情報提供を行うとともに、支援が必要な家庭に対して、養育支援訪問事業（同法同条）などの適切なサービス提供に結びつける。

④ 育児等健康支援事業

　市町村が行う事業であり、主な内容は表6-4の通りである。

⑤ 生涯を通じた女性の健康支援事業

　都道府県、指定都市、中核市において、不妊専門相談センターにおける専門相談や、女性の生涯を通じた健康管理のための健康教育・相談事業などを行う。

⑥ 子どもの事故予防強化事業

　市町村が保護者に対する意識啓発を行うことで、子どもの事故の予防強化を図る。

⑦ 妊娠・出産包括支援事業

　妊娠期から子育て期にわたる切れ目のない支援を提供するワンストップ拠

＊4　未熟児
母子保健法では「身体の発育が未熟のまま出生した乳児であつて、正常児が出生時に有する諸機能を得るに至るまでのもの」をいう（第6条第6項）。なお、同法では体重が2,500g未満の乳児を「低体重児」という（第18条）。

＊5　児童委員
児童福祉法に基づき、市町村の区域に置かれ児童および妊産婦につき、その保護、保健その他福祉に関し、サービスを適切に利用するために必要な情報の提供その他の援助および指導を行うことなどの職務を行う。民生委員法による民生委員は児童委員にあてられる。

表6－4　育児等健康支援事業

事　項	内容など
地域活動事業	市町村長が委嘱し、各種の制度の説明や、健康診査等受診勧奨などを行う母子保健推進員の活動支援や、地域住民の自主的な参加による母子保健地域組織の育成を行う。
母子栄養管理事業	＜グループワーク事業＞ 妊娠中や授乳中の健康や栄養管理、母乳の与え方や離乳の進め方、おやつの与え方や肥満予防など、育児や食生活について、実習を中心としたグループワークを行う。 ＜栄養強化事業＞ 前年度分の所得税非課税世帯に属する妊産婦と乳児に対して、医師の診断に基づき、適切な栄養食品を支給する。
乳幼児の育成指導事業	健康診査で「要経過観察」とされた児童や育児不安をもつ母親などに対して、集団的、あるいは個別に相談などを行い、育児不安の解消と児童の健全な発達の促進を図る。
出産前小児保健指導（プレネイタルビジット）事業	妊娠後期の妊婦等を対象に、育児に関する不安を解消するため、産婦人科医から紹介された小児科医による保健指導を行うとともに、生まれてくる子どものかかりつけ小児科医の確保を図る。
健全母性育成事業	思春期の男女を対象とし、思春期に特有の医学的問題、性に関する不安や悩みなどについて医師、保健師、助産師等が個々の相談に応じるとともに、母性保健に関する知識の普及を行う。
乳幼児健診における育児支援強化事業	育児不安を抱える母親等の増加、児童虐待が社会的な問題となっていることから、1歳6か月児健診などの場において、①育児不安等の解消等の観点から、子どもの健康育児に関する不安や悩みに対する相談機能の充実、②早期発見等の観点から集団指導の実施を図ることにより、家庭における育児機能の強化、および地域における児童虐待の早期発見・早期対応のシステムの構築を図る。

＊6　子育て世代包括支援センター
2016（平成28）年の母子保健法改正の際に法定化され（法律上の名称は「母子健康包括支援センター」、2017［同29］年4月施行）、市町村に設置の努力義務が課された。同センターは、母子保健に関し支援に必要な実情の把握、相談・保健指導、関係機関との連絡調整、助産等を行うことにより、母性・乳幼児の健康の保持増進に関する包括的な支援を行うことを目的としている。

点「子育て世代包括支援センター＊6」を整備するとともに、地域の実情に応じて、助産師等による専門的な相談援助等を行う「産前・産後サポート事業」、出産直後に休養やケアが必要な産婦に休養等の機会を提供する「産後ケア事業」を実施する。

妊産婦および乳幼児の健康診査

① 妊産婦健康診査（母子保健法第13条）

　妊婦の健康の保持増進および異常の早期発見・早期治療を図るため、市町村が医療機関に委託するなどして実施する。

　受診することが望ましい健診回数は次の通りである。これに沿って受診した場合、受診回数は14回程度となり、2013（平成25）年度からはすべて公費負担となっている。

・ 妊娠初期より妊娠23週（第6月末）まで：4週間に1回
・ 妊娠24週（第7月）より妊娠35週（第9月末）まで：2週間に1回

・　妊娠36週（第10月）以降分娩まで：1週間に1回

② 乳幼児健康診査

乳幼児の健康の保持増進、疾病などの早期発見および養育者の育児支援のため、市町村が実施する。2005（平成17）年度からは、発達障害者支援法の施行に伴い、発達障害の早期発見に留意することとされている。

●　1歳6か月健康診査（母子保健法第12条）

歩行や言語等発達の標識が容易に得られる1歳6か月児を対象に実施されている。運動機能や視聴覚等の障害、精神発達の遅滞など障害のある児童を早期に発見し、適切な指導を行い、心身障害の進行を未然に防止するとともに、生活習慣の自立、むし歯の予防、幼児の栄養および育児に関する指導を行う。

●　3歳児健康診査（母子保健法第12条）

健康・発達の個人的差異が比較的明らかになり、保健・医療による対応の有無が、その後の成長に影響を及ぼすと考えられる3歳児を対象に実施されている。視覚、聴覚、運動、発達等の心身障害、その他疾病および異常を早期に発見し、適切な指導を行い、心身障害の進行を未然に防止するとともに、う蝕（しょく）の予防、発育、栄養、生活習慣、その他育児に関する指導を行う。3歳児健康診査においては、視覚、聴覚について、問診票などを用いて、より詳細に検査している。

●　その他の乳幼児健康診査（母子保健法第13条）

一般的に、生後3〜6か月（身体の異常の発見［股関節脱臼（こかんせつだっきゅう）、心臓の異常など］、悪性腫瘍の発見、離乳指導、生活指導および予防接種の指導等に適している）、および生後9〜11か月（心身の異常の発見［行動発達、精神発達の異常など］、離乳指導、育児・生活指導等に適している）の児を対象として、実施されている。

③ 新生児聴覚検査

聴覚障害を早期に発見し、できるだけ早い段階で適切な措置を講じられるようにするため、市町村が実施している。検査は出生後の産科入院中に、自動聴性脳幹反応検査（AABR）などにより実施し、異常または異常の疑いがあると認められた場合、専門医療機関において精密検査が行われ、異常があると認められた場合は、療育施設において、補聴器の装用指導などの療育指導が実施される。

④ 新生児マス・スクリーニング（先天性代謝異常等検査）

生まれつき身体のなかの栄養素を代謝する仕組みや、ホルモンをつくる仕組みに異常があり、意識障害やけいれんなどの症状を引き起こし、知能障害

＊7
新生児マス・スクリーニング（先天性代謝異常等検査）について、詳しくは、第5章1（p.126）を参照。

＊8
治療用特殊ミルクについては、第3章2(2)（p.83）を参照。

などを残すことがある代謝疾患と内分泌疾患を早期発見するために行う検査である＊7。早期発見により、治療用特殊ミルク＊8などといった食事療法や薬剤の投与等の治療を行えば、病気の発症や重症化予防が可能となる。

⑤　B型肝炎母子感染防止事業

　B型肝炎ウイルスに感染している母親から生まれてくる子どもは、妊娠時や出産時に母親の血液が触れることによってウイルスに感染することがある。そのため、妊婦を対象にB型肝炎に罹患していないかどうかHBs抗原検査が行われる。この検査で陽性の妊婦から生まれた新生児を対象に、直ちに抗HBs人免疫グロブリン筋注とB型肝炎ワクチンの投与によるB型肝炎の発症予防の接種がはじめられる。なお、B型肝炎ワクチンについては、2016（平成28）年10月より定期接種となった。

療養援護など

①　小児を対象とした医療費公費負担制度

　未熟児養育医療、小児慢性特定疾病医療費助成、自立支援医療（育成医療）などがあり、概要は表6−5の通りである。

②　小児慢性特定疾病児童等の自立支援

　2014（平成26）年の児童福祉法改正により、相談支援など小児慢性特定疾病児童に対する自立支援のための事業等が実施された（2015［同27］年1月1日施行）。

③　小児慢性特定疾病児日常生活用具給付事業

　日常生活を営むのに支障のある在宅の小児慢性特定疾病児に対し、特殊寝台などの日常生活用具を給付することにより、日常生活の便宜を図ることを目的として市町村が実施する。

④　不妊に悩む方への特定治療支援事業

　特定不妊治療（体外受精および顕微授精）以外の治療法によっては妊娠の見込みがないかまたはきわめて少ないと医師に診断された戸籍上の夫婦を対象に、都道府県、指定都市、中核市が、指定医療施設で実施される治療に要する費用の一部を助成する。

医療対策など

①　子どもの心の診療ネットワーク事業

　さまざまな子どもの心の問題、児童虐待や発達障害に対応するため、都道府県域における拠点病院を中核として、各医療機関や保健福祉機関等が連携した支援体制の構築を図る。

②　病児保育事業

　保護者が就労している場合等において、子どもが病気の際に自宅での保育

表6－5　小児を対象とした主な医療費公費負担制度

事業名	未熟児養育医療	小児慢性特定疾病医療費助成	自立支援医療（育成医療）
根拠法	母子保健法	児童福祉法	障害者総合支援法
実施主体	市町村	都道府県・指定都市・中核市	市町村
事業の趣旨	未熟児は、正常な新生児に比べて生理的に欠陥があり、疾病にもかかりやすく、その死亡率はきわめて高率であるばかりでなく、心身の障害を残すことも多いことから、生後すみやかに処置を講ずることが必要である。このため、医療を必要とする未熟児に対しては養育に必要な医療の給付（医療保険自己負担分）を行う。	児童等が当該疾病にかかっていることにより、長期にわたり療養を必要とし、およびその生命に危険が及ぶおそれがあるものであって、療養のために多額の費用を要するものとして厚生労働大臣が定める疾病（状態が大臣が定める程度であるもの）の医療に係る費用を支給する（医療保険の自己負担分）。	身体に障害のある児童に対し必要な医療について、医療保険の自己負担分を給付する。
対象者	法に規定する「未熟児（身体の発育が未熟のまま出生した乳児であって、正常児が出生時に有する諸機能を得るに至るまでのもの）」であって、医師が入院養育を必要と認めた者	小児慢性特定疾病（16疾患群756疾患：2018［平成30］年4月現在）疾患群：悪性新生物、慢性腎疾患、慢性呼吸器疾患、慢性心疾患、内分泌疾患、膠原病、糖尿病、先天性代謝異常、血液疾患、免疫疾患、神経・筋疾患、慢性消化器疾患、染色体または遺伝子に変化をともなう症候群、皮膚疾患、骨系統疾患、脈管系疾患	身体に障害を有する者、またはこれを放置すると将来障害を残すと認められる者で、手術等によって障害の改善が見込まれる者
対象年齢	1歳未満の者	18歳未満の者（引き続き治療が必要と認められる場合は20歳未満の者）	18歳未満の者

が困難なとき、病院・診療所、保育所等に付設された専用スペースで病気の子どもを一時的に保育するほか、保育中に体調不良となった子どもについて自園の医務室などで緊急対応を行う。

　事業の実施主体は市町村で、病児対応・病後児対応型、体調不良児対応型、非施設型（訪問型）がある。なお、2015（平成27）年度からは、児童福祉法に基づく事業として法定化され、子ども・子育て支援法に基づく「地域子ども・子育て支援事業」として実施されている。

(2)　母子保健対策の動向

　これまで各種の母子・小児保健対策が講じられてきているが、母（親）と子どもの健康に関してさまざまな課題が残されている。また、医学医療の進歩や情報化、社会の複雑化、経済の低成長に加えて、少子化や女性の就業者数の増加、出産年齢の上昇、価値観やニーズの多様化、地域の連帯意識の希薄化など、母（親）と子どもを取り巻く環境の変化を背景として、新たな課

題も生じている。

　21世紀の母子の健康水準を向上させる取り組みの方向性を示し、これを推進する国民運動計画として「健やか親子21」が策定されたが、現状の課題をふまえて現在も計画が進められている。その一方で、少子化対策および子ども・子育て支援対策のなかにも、さまざまな母子保健対策が盛り込まれてきた。さらに、児童相談所において児童虐待に関する相談件数が急増するなか、児童虐待防止対策の強化も図られている[*9]。

＊9
児童虐待の現状と児童虐待防止対策については、本章（p.169）を参照。

健やか親子21

　2000（平成12）年11月、それまでの母子保健の取り組みをふまえ、妊産婦死亡や乳幼児の事故死予防などの課題や思春期における健康問題、育児不安や児童虐待などの親子の問題、小児医療や地域母子保健活動の水準低下の防止などの課題が整理され、21世紀の母子保健の主要な取り組みを提示するビジョンとして、また関係者、関係機関・団体が一体となって推進する国民運動計画として、「健やか親子21」が策定された。

＊10　ヘルスプロモーション
　「住民が健康を増進する能力を備えること」と「住民を取り巻く環境を健康に資するように整備すること」を2つの柱として展開する公衆衛生活動の方法論で、世界保健機関（WHO）が1986（昭和61）年に「オタワ憲章」において規定した考え方をいう。ポイントは、活動のゴールを住民の「健康」ではなく「QOL（生活・生命の質）」としたこと、住民の参画・主体的活動を重視していることなどである。

　第1次計画は、2001（平成13）年から2014（同26）年度までを計画期間として、ヘルスプロモーション[*10]の考え方を基本理念とし、①思春期の保健対策の強化と健康教育の推進、②妊娠・出産に関する安全性と快適さの確保と不妊への支援、③小児保健医療水準を維持・向上させるための環境整備、④子どもの心の安らかな発達の促進と育児不安の軽減という4つの主要課題について取り組みがなされた。

　第2次計画は、2015（平成27）年から2024（令和5）年度までを計画期間として、第1次計画の最終評価報告書で示された今後の課題や提言をもとに、検討会での議論を経て策定された。第2次計画では、地域や家庭環境等の違いにかかわらず、「すべての子どもが健やかに育つ社会」を10年後に実現することを目指して、3つの基盤課題と2つの重点課題が設定されている（図6-11、表6-6）。

少子化社会における母子保健対策

　主な少子化対策などの経緯を表6-7に示すが、これらの対策のなかに、さまざまな母子保健対策が盛り込まれてきた。

　たとえば、エンゼルプラン・新エンゼルプランでは、周産期・小児医療体制の整備や乳幼児健康支援一時預かり事業（現：病児保育事業）の推進などに取り組むこととされた。また、子ども・子育て応援プランでは、発達障害に対する一貫した支援、家庭内等における子どもの事故防止対策の推進、子どものこころの健康支援の推進などが盛り込まれた。さらに、子ども・子育てビジョンでは、妊婦健診や不妊治療などに関する経済的負担の軽減などが

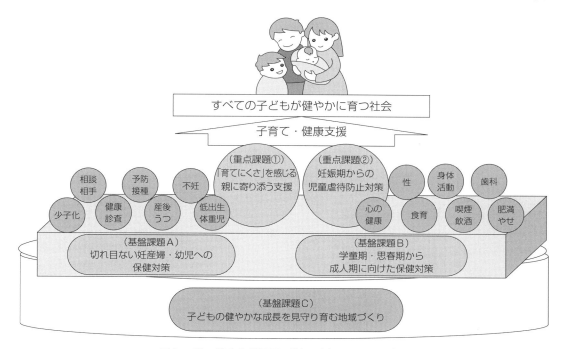

図6－11　健やか親子21（第2次）　イメージ図

出典：厚生労働省『健やか親子21（第2次）』ホームページ

表6－6　「健やか親子21（第2次）」における課題の概要

	課題名	課題の説明
基盤課題A	切れ目ない妊産婦・乳幼児への保健対策	妊娠・出産・育児期における母子保健対策の充実に取り組むとともに、各事業間や関連機関間の有機的な連携体制の強化や、情報の利活用、母子保健事業の評価・分析体制の構築を図ることにより、切れ目ない支援体制の構築を目指す。
基盤課題B	学童期・思春期から成人期に向けた保健対策	児童生徒自らが、心身の健康に関心を持ち、より良い将来を生きるため、健康の維持・向上に取り組めるよう、多分野の協働による健康教育の推進と次世代の健康を支える社会の実現を目指す。
基盤課題C	子どもの健やかな成長を見守り育む地域づくり	社会全体で子どもの健やかな成長を見守り、子育て世代の親を孤立させないよう支えていく地域づくりを目指す。具体的には、国や地方公共団体による子育て支援施策の拡充に限らず、地域にある様々な資源（NPOや民間団体、母子愛育会や母子保健推進員等）との連携や役割分担の明確化が挙げられる。
重点課題①	育てにくさを感じる親に寄り添う支援	親子が発信する様々な育てにくさ(※)のサインを受け止め、丁寧に向き合い、子育てに寄り添う支援の充実を図ることを重点課題の一つとする。 （※）育てにくさとは：子育てに関わる者が感じる育児上の困難感で、その背景として、子どもの要因、親の要因、親子関係に関する要因、支援状況を含めた環境に関する要因など多面的な要素を含む。育てにくさの概念は広く、一部には発達障害等が原因となっている場合がある。
重点課題②	妊娠期からの児童虐待防止対策	児童虐待を防止するための対策として、①発生予防には、妊娠届出時など妊娠期から関わることが重要であること、②早期発見・早期対応には、新生児訪問等の母子保健事業と関係機関の連携強化が必要であることから重点課題の一つとする。

出典：厚生労働省「『健やか親子21（第2次）』について検討会報告書」2014年　p.2

盛り込まれている。

① 次世代育成支援対策推進法に基づく行動計画

　次世代育成支援対策推進法は、次代の社会を担う子どもが健やかに生まれ、育成される環境の整備を図るため、次世代育成支援対策を迅速かつ重点的に推進することを目的とした法律である。この法律では、国が定める行動計画策定指針に基づき、地方公共団体および企業に、仕事と子育ての両立や雇用環境の整備など次世代育成支援のために講ずる措置の内容を記載した行動計画の策定を義務づけている。2005（平成17）年に10年間の時限立法として成立したが、2014（同26）年の改正により2025（令和7）年3月末まで延長された。

　なお、2014（平成26）年の子ども・子育て支援法の施行に伴い、地方公共団体の行動計画の策定は任意となり、母子保健に関連する妊産婦健康診査や病児保育を含む子ども・子育て支援対策は「市町村子ども・子育て支援事業計画」に記載することとされている。

表6－7　主な少子化対策などの経緯

年	動　向
1990	＜1.57ショック＞＝少子化傾向が注目を集める
1994	「エンゼルプラン」策定（文部・厚生・労働・建設4大臣合意）
	「緊急保育対策等5か年事業」策定（大蔵・厚生・自治3大臣合意）
1999	「少子化対策推進基本方針」策定（少子化対策推進関係閣僚会議）
	「新エンゼルプラン」策定（大蔵・文部・厚生・労働・建設・自治6大臣合意）
2001	「仕事と子育ての両立支援等の方針（待機児童ゼロ作戦等）」策定（閣議決定）
2002	「少子化対策プラスワン」策定（厚生労働省）
2003	「次世代育成支援対策推進法」段階施行（「行動計画」は2005年～）
	「少子化社会対策基本法」施行
2004	「少子化社会対策大綱」策定（閣議決定）
	「子ども・子育て応援プラン」策定（少子化社会対策会議決定）
2005	「次世代育成支援対策推進法」に基づく「行動計画」（前期計画）」策定（地方公共団体および事業主）
2006	「新しい少子化対策について」策定（少子化社会対策会議決定）
2007	「仕事と生活の調和（ワーク・ライフ・バランス）憲章」「仕事と生活の調和のための行動指針」策定（政労使同意）
	「『子どもと家族を応援する日本』重点戦略」策定（少子化社会対策会議決定）
2008	「新待機児童ゼロ作戦」策定（厚生労働省）
2010	「子ども・子育てビジョン」（新たな少子化社会対策大綱）策定（閣議決定）
	「次世代育成支援対策推進法」に基づく「行動計画（後期計画）」策定（地方公共団体および事業主）　→2014年の改正により2015～2024年度まで延長
2012	「子ども・子育て支援法」等、子ども・子育て関連3法公布
2015	「少子化社会対策大綱」策定（閣議決定）
	子ども・子育て支援新制度施行
2017	子育て安心プラン（内閣府）

表6－8　「少子化社会対策大綱」の概要

◎重点課題	◎きめ細かな少子化対策の推進
１．子育て支援施策を一層充実 　○「子ども・子育て支援新制度」の円滑な 　　実施 　○待機児童の解消 　○「小１の壁」の打破 ２．若い年齢での結婚・出産の希望の実現 ３．多子世帯へ一層の配慮 ４．男女の働き方改革 ５．地域の実情に即した取組強化	○結婚 ○妊娠・出産 　・「子育て世代包括支援センター」の整備 　・産休中の負担軽減　　　・産後ケアの充実 　・マタニティハラスメント・パタニティハラスメントの防止 　・周産期医療の確保・充実等 ○子育て 　・小児医療の充実　　　・地域の安全の向上 　・障害のある子供など様々な家庭・子供への支援 ○教育 　・妊娠や出産に関する医学的・科学的に正しい知識の教育 ○仕事

出典：内閣府「少子化社会対策大綱（概要）——結婚、妊娠、子供・子育てに温かい社会の実現をめざして」2015年

② 少子化社会対策大綱（閣議決定）

　2015（平成27）年、少子化社会対策基本法に基づく新たな「少子化社会対策大綱」が閣議決定された。その概要について、母子保健関係を中心に表6－8に示す。

③ 子ども・子育て支援法

　すべての子どもの良質な成育環境を保障し、「子ども・子育て家庭を社会全体で支援」することを目的に、子育て支援にかかわる制度、財源を一元化する新しい仕組みについての検討が行われ、2012（平成24）年8月、「子ども・子育て関連3法[11]」が成立、公布された。この3法に基づく「子ども・子育て支援新制度」が、2015（同27）年度からはじまっている。

　子ども・子育て支援法では、市町村が「市町村子ども・子育て支援事業計画」を策定し、地域子ども・子育て支援事業を実施することとされ、そのなかに母子保健に関連するものとして妊産婦健康診査や病児保育などが位置づけられている。

児童虐待防止対策など

　児童虐待は、子どもの成長・発達や人格の形成に重大な影響を与える。近年児童相談所での相談件数が急増し、子どもの生命が奪われるなど重大な児童虐待事件が繰り返し発生しており、児童虐待の防止は社会全体で取り組むべき重要な課題となっている。

① 児童虐待の定義と現状

　児童虐待の防止等に関する法律（以下、「児童虐待防止法」という）による児童虐待の定義を表6－9に示す。

　図6－12に全国の児童相談所における児童虐待に関する相談件数の推移を

*11　子ども・子育て関連3法
①「子ども・子育て支援法」、②「就学前の子どもに関する教育、保育等の総合的な提供の推進に関する法律の一部を改正する法律」、③「子ども・子育て支援法及び就学前の子どもに関する教育、保育等の総合的な提供の推進に関する法律の一部を改正する法律の施行に伴う関係法律の整備等に関する法律」の3つの法律をいう。

表6−9　児童虐待の定義

保護者（親権を行う者、未成年後見人その他の者で、児童を現に監護するものをいう。）がその監護する児童（18歳に満たない者をいう。）について行う次に掲げる行為をいう。
①児童の身体に外傷が生じ、又は生じる恐れのある暴行を加えること（身体的虐待）
②児童にわいせつな行為をすること又は児童をしてわいせつな行為をさせること（性的虐待）
③児童の心身の正常な発達を妨げるような著しい減食又は長時間の放置、保護者以外の同居人による前2号又は次号に掲げる行為と同様の行為の放置その他の保護者としての監護を著しく怠ること（ネグレクト）
④児童に対する著しい暴言又は著しく拒絶的な対応、児童が同居する家庭における配偶者に対する暴力（配偶者（婚姻の届出をしていないが、事実上婚姻関係と同様の事情にある者を含む。）の身体に対する不法な攻撃であって生命又は身体に危害を及ぼすもの及びこれに準ずる心身に有害な影響を及ぼす言動をいう。）その他児童に著しい心理的外傷を与える言動を行うこと（心理的虐待）

出典：「児童虐待の防止等に関する法律」第2条より一部追加

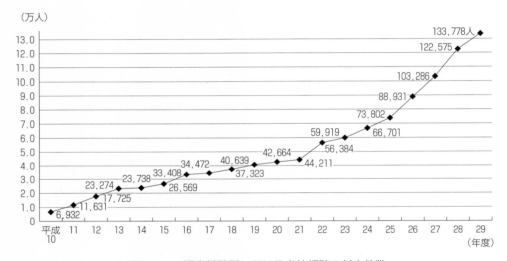

図6−12　児童相談所における虐待相談の対応件数
注：平成22年度は、東日本大震災の影響により、福島県を除いて集計した数値
資料：厚生労働省「平成29年度 福祉行政報告例の概況」より筆者作成

　示す。2017（平成29）年度は13万3,778件と、児童虐待防止法施行前の1999（同11）年に比べ、11.5倍に増加している。また、児童虐待の内訳を図6−13に示すが、2017（同29）年度、虐待の種類別では心理的虐待が最も多く、虐待者別では実母と実父で9割近くを占めている。
　虐待の発生要因について、一般的には、親自身が子ども時代に大人から愛情を受けていなかったこと、生活にストレス（経済的不安、夫婦不和や育児負担など）が積み重なって危機的状況にあること、社会的に孤立し援助者がいないこと、家庭としての養育能力が不足していること（10代での妊娠など）、多胎・未熟児・障害がある子どもであることなどがあげられる。図6−14には児童虐待で死亡が生じ得るリスク要因を示す。

●児童虐待の種類の概要

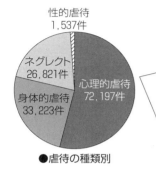

●虐待の種類別

<**心理的虐待**>
　ことばにより脅かす、子どもに拒否的な態度を示す、子どもの自尊心を傷つけるような言動をする、他のきょうだいとは著しく差別的な扱いをする、子どもの面前で配偶者やその他の家族に対し暴力をふるう、子どものきょうだいに虐待行為を行うことなど
<**身体的虐待**>
　外傷を与える（打撲傷、あざ（内出血）、骨折、頭部外傷、たばこによる火傷など）、生命に危険のある暴行を行う（殴る、蹴る、投げ落とす、激しく揺さぶる（乳幼児揺さぶられ症候群：shaken baby syndrome）、熱湯をかけるなど）、意図的に子どもを病気にさせる（代理人によるミュンヒハウゼン症候群）など
<**ネグレクト**>
　子どもの健康・安全への配慮を怠っている、子どもにとって必要な情緒的欲求に応えていない（愛情遮断）、食事・被服などが極端に不適切で、健康状態を損なうほどの無関心・怠慢、保護者以外の同居人（保護者の交際相手など）が児童虐待と同様の行為を行っていることを放置することなど
<**性的虐待**>
　子どもへの性交、性的暴力、性的行為の強要、性器や性交をみせる、ポルノグラフィーの被写体などに子どもを強要することなど

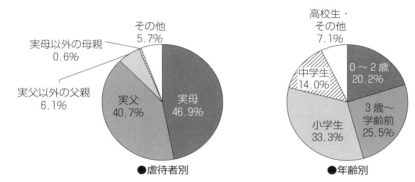

●虐待者別　　　　　　　●年齢別

図6－13　児童虐待の内訳（2017［平成29］年）

資料：厚生労働省「平成29年度 福祉行政報告例の概況」より筆者作成

② 児童虐待防止対策の経緯

　従前は児童福祉法に基づく要保護児童（保護者のない児童または保護者に監護させることが不適当であると認められる児童）対策として通告や一時保護などの措置がとられていたが、2000（平成12）年に、児童虐待の定義、児童虐待の早期発見と通告に関することなどを規定する児童虐待防止法が施行された。その後も表6－10に示す通り、児童虐待防止法や児童福祉法が繰り返し改正されるなど、児童虐待防止対策の強化が図られている。また、2016（同28）年の母子保健法改正の際、母子保健施策が乳幼児に対する虐待の予防と早期発見に資するものであることに留意することが明記された。

③ 児童虐待防止対策の現状

　対策の概要を表6－11に示す。児童虐待の防止に向け、虐待の発生予防から発見時の迅速・的確な対応、さらには虐待を受けた子どもの自立支援等に

第1次から第15次報告を踏まえて
子ども虐待による死亡事例等を防ぐためのリスクとして留意すべきポイント

養育者の側面

- ○妊娠の届出がなされておらず、母子健康手帳が未発行である
- ○妊婦健康診査が未受診である又は受診回数が極端に少ない
- ○関係機関からの連絡を拒否している（途中から関係が変化した場合も含む）
- ○予期しない妊娠／計画していない妊娠
- ○医師、助産師の立会いなく自宅等で出産
- ○乳幼児健康診査や就学時の健康診断が未受診である又は予防接種が未接種である（途中から受診しなくなった場合も含む）
- ○精神疾患や抑うつ状態（産後うつ、マタニティブルーズ等）がある
- ○過去に自殺企図がある
- ○養育者がDVの問題を抱えている
- ○子どもの発達等に関する強い不安や悩みを抱えている
- ○家庭として養育能力の不足等がある若年（10代）妊娠
- ○子どもを保護してほしい等、養育者が自ら相談してくる
- ○虐待が疑われるにもかかわらず養育者が虐待を否定
- ○訪問等をしても子どもに会わせない
- ○多胎児を含む複数人の子どもがいる

子どもの側面

- ○子どもの身体、特に、顔や首、頭等に外傷が認められる
- ○一定期間の体重増加不良や低栄養状態が認められる
- ○子どもが保育所等に来なくなった
- ○施設等への入退所を繰り返している（家庭復帰後6か月以内の死亡事案が多い）
- ○きょうだいに虐待があった
- ○子どもが保護を求めている

生活環境等の側面

- ○児童委員、近隣住民等から様子が気にかかる旨の情報提供がある
- ○生活上に何らかの困難を抱えている
- ○転居を繰り返している
- ○孤立している

援助過程の側面

- ○関係機関や関係部署が把握している情報を共有できず得られた情報を統合し虐待発生のリスクを認識できなかった
- ○要保護児童対策地域協議会（子どもを守る地域ネットワーク）における検討の対象事例になっていなかった
- ○家族全体を捉えたリスクアセスメントが不足しており、危機感が希薄であった
- ○スクリーニングの結果を必要な支援や迅速な対応に結びつけていなかった
- ○転居時に十分な引継ぎが行えていなかった

＊子どもが低年齢である場合や離婚等によるひとり親である場合に、上記ポイントに該当するときには、特に注意して対応する必要がある。

図6−14　児童虐待で死亡が生じ得るリスク要因

出典：厚生労働省「子ども虐待による死亡事例等の検証結果等について（第15次報告）」2019年

至るまで、切れ目のない総合的な対策が進められている。

　また、地域における児童虐待防止体制を図6−15に示すが、保育者にも児童虐待の早期発見の努力義務と通告義務などがあり、保育所保育指針「第5章健康及び安全」においても適切な対応を求めている。

表6−10　児童虐待防止対策の経緯

2000年	児童虐待防止法の制定（2000［平成12］年11月施行） 　児童虐待の定義、児童虐待の禁止、児童虐待の早期発見努力義務と通告義務、安全確認・一時保護など
2004年	児童虐待防止法および児童福祉法の改正（2004［平成16］年10月施行） ・定義の拡大（保護者以外の同居人による虐待を放置すること等も対象） ・通告義務の拡大（児童虐待を受けたと思われる児童も対象） ・国および地方公共団体の義務の改正（児童虐待の予防、早期発見、迅速な保護、自立支援等に対する責任） ・要保護児童対策地域協議会の法制化（関係機関が連携を図り児童虐待等への対応を行う体制の整備）
2007年	児童虐待防止法および児童福祉法の改正（2008［平成20］年4月施行） ・児童の安全確認等のための立ち入り調査の強化など（市町村・福祉事務所・児童相談所による児童虐待を受けた可能性のある児童の安全確認の義務化、児童虐待のおそれがあると認めるときに知事が保護者に対し児童を同伴して出頭を求めることや児童相談所の職員等に必要な調査等をさせることなど）
2008年	児童福祉法の改正（2009［平成21］年4月施行） ・要保護児童対策地域協議会の支援対象の拡大（要保護児童に加え、乳児家庭全戸訪問事業等で把握した養育支援を必要とする児童や出産前から支援を行うことが特に必要である妊婦も追加）
2011年	児童福祉法の改正（原則として2012［平成24］年4月施行） ・親権停止および管理権喪失の審判等について児童相談所長の請求権を付与 ・施設長等が児童の監護等に関し、その福祉のために必要な措置をとる場合には、親権者等はその措置を不当に妨げてはならないことを規定 ・里親等委託中および一時保護中の児童に親権者等がいない場合の児童相談所長の親権代行を規定
2016年	児童福祉法の改正（原則として2016［平成28］年10月施行） ・児童相談所に、①児童心理司、②医師または保健師、③指導・教育担当の児童福祉司を配置 ・親権者の児童のしつけに際して、監護・教育に必要な範囲を超えた児童の懲戒を禁止 ・支援を要すると思われる妊婦や児童・保護者を把握した医療機関、児童福祉施設、学校等に対し、市町村への情報提供を努力義務化 ・児童相談所から市町村への事案送致を新設
2019年	児童虐待防止法および児童福祉法の改正（原則として2020［令和2］年4月施行） ・親権者による児童のしつけに際しての体罰を禁止 ・児童相談所で介入対応をする職員と保護者支援をする職員を分けることにより介入機能を強化 ・虐待した保護者に対して医学的・心理学的指導を行うことを努力義務化 ・児童の転居前・転居後の児童相談所間での速やかな情報共有を規定 ・学校、教育委員会、児童福祉施設等の職員に対する守秘義務を規定

表6−11　児童虐待防止対策強化プロジェクト（全体像）

児童虐待の発生予防	発生時の迅速・的確な対応	被虐待児童への自立支援
1　妊娠期から子育て期までの切れ目ない支援 ○子育て世代包括支援センターの全国展開 ○母子保健事業との連携強化 ○支援を要する妊婦の情報の確実な把握 ○施設を活用した妊婦への幅広い支援の在り方検討 2　孤立しがちな子育て家庭へのアウトリーチ ○乳児家庭全戸訪問事業・養育支援訪問事業を全市町村での実施 ○訪問型家庭教育支援の推進 ○低所得の妊婦に助産を行う助産施設や児童相談所全国共通ダイヤル（189）の更なる周知等	1　児童相談所の体制整備 ○児童相談所体制強化プランの策定 2　市町村の要保護児童対策地域協議会の機能強化 ○市町村による要対協の設置 ○要対協調整機関への専門職配置等 3　関係機関における早期発見と適切な初期対応 ○学校へのSSW配置、研修の充実等 4　児童相談所等における迅速・的確な対応 ○関係機関等による調査協力 ○臨検・捜索手続の簡素化 ○司法関与の在り方の見直しの検討等 5　適切な環境における児童への対応 ○里親等への一時保護委託推進等	1　親子関係再構築の支援 ○施設退所時の助言等 2　里親委託の推進 ○里親支援を都道府県業務として位置付け、民間委託推進等 3　養子縁組の推進 ○児童相談所による養子縁組推進 ○育児休業の対象拡大等 4　施設入所等児童への自立支援 ○児童家庭支援センターの相談機能の強化 ○自立援助ホームの支援対象者の拡大 ○18歳に達した者に対する継続的な自立支援の在り方検討等

出典：内閣府「すべての子どもの安心と希望の実現プロジェクト」（子どもの貧困対策会議決定）2015年　p.14を一部改変

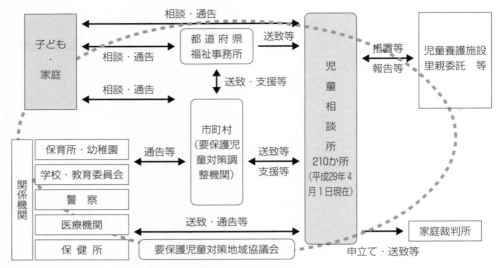

図6－15　地域での児童虐待防止のシステム

出典：厚生労働省『平成30年版 厚生労働白書 資料編』2019年　p.186

3　事故防止・安全対策

(1)　子どもと事故

保育者としての事故に対する考え方

　子どもの事故原因で最も多いものは、「不慮の事故」である。「不慮」という言葉のニュアンスには、「思いがけない」「降って湧いたような」というような偶発性を感じさせる因子が顕在している。また、「事故」という言葉の意味合いとして、「不注意などによって生じる災難。物事の順調な進行を妨げる思いがけない出来事」[19]と解釈されることが多い。しかし、実際の子どもに関する事故をみると、突発的に起こったものは非常に少ない。米国のハインリッヒが提唱した「ハインリッヒの法則（1：29：300の法則)」（図6－16）にあるように、1件の重大な事故の前には、29件の軽症事故と、300件の危うく惨事につながりそうな生活上のトラブルが起こっているのである。

　事故には必ず原因が存在する。事故を導くきっかけをつくらなければ、事故は未然に防ぐことができる。しかし重要なことは、単に気をつけるという意識だけでは、事故は防げないということである。保育の現場で、過去に起こった事故の原因・状況などを十分に検証・解明をするプロセスを経て、得られた評価を共通事項として認識する作業が大切となる。そのうえで、立案

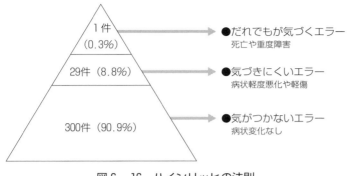

図6−16　ハインリッヒの法則

出典：小木曽加奈子・伊藤智佳子『介護・医療サービス概論』一橋出版　2007年
　　　p.52

図6−17　子どもが事故を起こしやすい要因

された対応策を確実に実行に移すという過程が必要となるのである。

子どもが事故を起こしやすい要因

　なぜ、子どもは成人に比べて、事故を起こしやすいのであろうか。子ども
の事故は、一般的に身体的・精神的・社会的・行動的特性に随伴して、環境
要因および個人属性が互いに関連し合うことにより起こる。保育者として、
子どもの特性を十分に理解して、事故が起こらないよう事前に環境を整える
ことが大切となる。事故後の対処に力を入れるのではなく、事故を未然に防
ぐためにエネルギーを注ぐことが重要なのである。

子どもの年齢別事故の特性

　子ども時代は、命を落とすということは比較的少ないといわれる時期であ
る。日本の場合、子どもの死亡原因の約3分の1は、不慮の事故によるもの

表6−12　子どもの年齢別事故の特性

時　期		特徴および事例
乳児期	前半	**特徴**：養育上の不注意から事故が起こる **事例**：布団やうつ伏せ寝による窒息 　　　　棚からの落下物による外傷 　　　　湯たんぽ使用による熱傷 　　　　コタツに長時間入ることによる低温熱傷 　　　　幼い兄弟姉妹から受ける外的被害 　　　　犬や猫といった動物にかまれる
	後半	**特徴**：運動機能の発達や好奇心が旺盛になることにより、事故が起こる **事例**：ベッド、乳母車、椅子、ベランダからの転落 　　　　洗濯機や浴槽のなかへの転落 　　　　ボタン・硬貨・煙草・ピーナツなど小物の誤飲 　　　　アイロン接触による熱傷
幼児期	前半	**特徴**：子ども自身の行動範囲の拡大や、大人の模倣をすること、頭部が大きく重心位置が高いことなどから事故が起こる **事例**：階段からの転落・歩行時の転倒 　　　　ポットなどの熱湯による熱傷 　　　　針箱・鏡台・薬箱を開けることによる外傷や誤飲 　　　　扇風機や回転している自転車の車輪に、指を挟む
	後半	**特徴**：冒険心や行動力の激しさが大きな事故につながる 　　　　友だち関係のなかで、集団生活上の事故が多くなる **事例**：入浴やプール遊びでの溺水 　　　　急な飛び出しなどによる交通事故 　　　　遊具からの転落 　　　　他の子どもの遊んでいるブランコに衝突する 　　　　花火による熱傷 　　　　他の子どもの振り回したものに当たる 　　　　他の子どもと衝突して転倒 　　　　子ども同士のけんか

であり、これは先進諸外国との比較のなかで、非常に高い割合となっている。乳児の場合は窒息による死亡が最も多く、幼児の場合は溺死や交通事故死が多いというように、子どもの事故は、運動能力、感情面、社会性といった発達レベルに応じて、時期ごとにさまざまな特徴をみせる（表6−12）。

(2)　事故防止

集団生活における事故の現状

① 事故の種類

　幼稚園や保育所における集団生活のなかで最も多い事故は、転倒・衝突であり、その件数は全体の半数以上を占める。転倒は、歩行能力や平衡保持能力の未熟性から1、2歳児に多く、衝突は集団生活が活発となる3歳児以降

に多くみられる。次いで転落事故が多いが、これは遊具遊びのときに顕著であり、すべり台・ブランコ・鉄棒・ジャングルジムといった順での転落が多い。固定遊具を使用しているときは、予測できない事故が発生するため、保育者として子どもの動きから目を離さないことが大切である。また室内のイスや机からの落下事故も、見逃してはならないものである。

　このほか、重大事故が発生しやすいものとして、乳児の睡眠中の窒息や玩具や小物による誤嚥があげられる。乳児の窒息リスクを防ぐには、乳児を一人にしないこと、寝かせ方に配慮を行うこと、安全な睡眠環境を整えることが大切である。また、玩具や小物の誤嚥を防ぐには、口に入れると咽頭部や気管が詰まる等窒息の可能性のある大きさ、形状の玩具や物については、乳児のいる室内に置かないことや、手に触れない場所に置くことなどを徹底する必要がある。

② 　事故の発生しやすい場所

　子どもの事故の半数以上は、園舎内で起こっている。そのなかでも、保育室内での事故が過半数を占め、次いで遊戯室、廊下、ベランダといった順に事故が発生している。園舎外の事故においては、運動場での事故が過半数以上を占め、次いで体育館や遊戯施設、プールといった場所で事故が起こっている。散歩や遠足などの園外保育における事故は、全体の1割程度である。

③ 　事故の発生しやすい時期

　1年を通して、最も事故の起こりやすい時期は4月である。新入園児の場合は、家庭生活から集団生活に入るという生活リズム・生活空間の変化が、子どもの心を不安定にさせる。また保護者も、子どもの言動に対し敏感に反応し、子どもと同じように精神的に混乱することが多い。保育者側も、新入園児を迎え、また担当クラスの変更など子どもの性格や特性を把握しがたく、危険要因が数多く顕在する時期である。

　次いで5月の連休明けから7月にかけて、事故が多く発生する。これは、慣らし保育から本格的な保育へと保育時間が延長したことや、それに随伴する子どもの体調不良や疲れなどが原因となっている。また子ども自身が集団生活に少し慣れはじめたことによる気のゆるみや、季節的に屋外活動が増加することなども関与する。

④ 　事故の発生しやすい時間

　1週間を通して事故の多い曜日は金曜日である。これは、疲労の蓄積や体調面での乱れ、集中力の低下などが原因となっている。また、1日を通して事故の多い時間帯は9時から11時という登園後間もない時間帯である。これは、子どもの受け入れや保護者対応など人の出入りが多く、保育者が子ども

の動きを十分に観察できないことが原因となっている。午後の降園時間帯にも、上記と同じ論理で事故が多く起こっている。

集団生活と安全保障

① 安全管理のポイント

この場合の安全管理とは、子どもが生活をしている空間を、常時安全な状態に管理・維持することである。広義には、危険物の除去を中心とした施設全体の管理をいい、狭義には子ども個人に向けられる管理をいう。具体的に安全管理を行うには、「環境」「服装」「心身の状況」「行動」に関する危険因子を事前に抽出し、適切な状態に調整していかなければならない（表6-13）。安全性の高いのびのびとした環境で、子どもを自由に遊ばせた結果生じる事故と、はじめから調整をしていない環境で子どもを遊ばせた結果生じる事故とでは、事故の重大さが明らかに異なってくる。

表6-13　安全管理に関する4因子

因　子	確認事項
環　境	・保育室・廊下・玄関・トイレ・手洗い場・足洗い場に損傷やがたつき、ささくれ、落下物などがないか ・保育室の机やイスに、がたつきや釘の突出などがないか ・壁や天井に吊るしてある物が、落下しないよう固定されているか ・コンセントやスイッチが危険な状態になっていないか ・窓ガラスのひび割れ、破損などがないか ・床が水で濡れて滑りやすい状態になっていないか ・階段の滑り止めが、磨り減っていないか ・出入り口付近に、障害物となるような物を置いていないか ・暖房や冷房がトラブルなく作動をしているか ・運動場に釘・ガラス・木切れ・小石などが落ちていないか ・運動場に、くぼみや突出した部分はないか ・遊具に破損、ねじのゆるみ、老朽化した部分などがないか ・保育物品や生活備品が、非衛生的で危険な状態になっていないか ・危険物のある空間に近づけないよう、施錠管理ができているか
服　装	・行動の制限防止：厚着やつなぎの服を着せていないか ・誤飲防止：洋服のボタンは、取れかけていないか ・外傷防止：ほつれた糸やゴムのきついものが、身体に巻きついていないか 　　　　　　装飾品は特別な場合を除いて身につけていないか ・転倒防止：大きすぎる靴を履いていないか ・皮膚刺激の軽減：発汗時、毛糸素材の洋服を着ていないか
心身の状況	・体調不良の状態になっていないか→体調不良は、行動面での投げやりさにつながり、物の扱いが乱暴となる ・気持ちの不安定さはないか→気持ちが落ち着かないと、事故の回避能力が低下する
行　動	・ルールや約束事をきちんと守っているか→規則を守らないことは、秩序を乱し事故につながる

また、安全な環境づくりとして、職員間のコミュニケーション、情報の共有化、苦情（意見・要望）解決への取り組み、安全教育が不可欠である。そして、事故が発生したときには、適切な対応ができるよう他の職員に指示を出す役割について明確にするととも

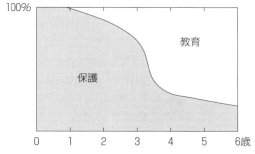

図6－18　年齢に応じた事故防止（Dietrich, 1959）

に、役割分担と担当する順番や順位を決め、事務室の見やすい場所に掲示することが望ましい。職員の緊急連絡網、医療機関・関係機関の一覧、保護者への連絡に関する緊急連絡先を事前に整理しておくことも大切である。

② 安全管理と安全教育

　事故の発生を未然に防止するには、環境を整えることが大切である。しかし反対に、事故の発生を恐れるあまり、子どもへの極端な過干渉や制限、必要以上に危険物を取り除いた空間で過ごさせるなど人為的に細工をしすぎると、かえって子どもの危険予知能力や社会性が育まれず、自律の芽を摘み取ることにつながる。大切なことは、子どもの年齢が低い場合は、危険のない環境を保育者が提供する「安全管理」を行うことである。そして、子ども自身が徐々に危険を回避できるような防衛力を身につけはじめたとき、保育者がそれを助長していく「安全教育*12」を行うことである。具体的には、交通信号の見方や横断歩道の渡り方、遊具や玩具の正しい使い方、廊下や階段の正しい歩き方、災害時の心構えや正しい避難行動などが、「安全教育」に含まれる。

③ 安全教育のポイント

　子どもは、事象を予測した行動や、抽象的な概念を理解することが十分にできない状況にある。安全教育を行うにあたっては、以下の点に配慮し、空論でない指導を行うことが大切である。

＊12　安全教育
安全教育の目的は、子ども自身が危険予知能力を獲得し、自ら安全の確保をしようとする力を育むことにある。安全教育の対象には、子どものみならず保護者や保育者も含まれ、子どもを取り巻く関係者がネットワークを築き、子どもの安全に対する支援を行うことが重要となる。

- ・ 発達段階に沿った具体的なわかりやすい形で行う。
- ・ 一度ではなく、そのつど反復した形で、積み重ねるように指導を行う。
- ・ 必要であれば、即座にその場において指導を行う。
- ・ 大人が常に模範的な態度をとり、それを手本として模倣させる。
- ・ 禁止するのではなく、どうすれば安全であるのか一緒に考える。

【初出一覧】

■第1節　中根淳子「子どもの生活習慣と健康」服部右子・大森正英編『図解 子ども
の保健 I ［第2版］』みらい　2017年　pp.68－84（第4章）

■第2節　中島正夫「母子保健行政」服部右子・大森正英編『図解 子どもの保健 I ［第
2版］』みらい　2017年　pp.202－215（第10章第4節）

■第3節　立脇一美「事故と安全指導および応急処置」服部右子・大森正英編『図解
子どもの保健 I ［第2版］』みらい　2017年　pp.127－132（第8章第1節・第2節）

【引用文献】

1）巷野悟郎監修、日本保育園保健協議会編『最新　保育保健の基礎知識』日本小児医
事出版社　2006年　p.60

2）The Children's Hospital of Philadelphia
（http://www.chop.edu/consumer/your_child/wellness_index.jsp?id=-9590）

3）堀井奈緒・前田美子・宮下朱里ほか「幼児の排泄のしつけに関する研究──保育所
（園）に通所（園）する児をもつ母親の意識とその関連要因」『日本看護学会誌』第
13巻第2号　日本看護協会出版会　2004年　pp.84-90

4）金山美和子・丸山良平「幼稚園・保育所の3、4、5歳クラス幼児における排泄の
自立の実態と保育者の意識」『上田女子短期大学紀要』第30号　2007年　pp.49-59

5）同上書　pp.49-50

6）Robin Karr-Morse, Meredith S. Wiley"*Ghosts from the Nursery : Tracing the Roots
of Violence*" Atlantic Monthly Press. 1997.　pp.184-187, 207-210.

7）前掲書3）　pp.84-90

8）岩間正文『おねしょ・アレルギー・発育相談──夜尿症と周辺の病気の指針』日本
図書刊行会　2007年　p.40

9）島田憲次・東田章・松本富美「遺尿症（夜尿症）の治療的トイレット・トレーニン
グの方法と進め方」『小児看護』第27巻第2号　へるす出版　2004年　pp.161-165

10）神山潤『総合診療医のための「子どもの眠り」の基礎知識』新興医学出版社　2008
年　p.38

11）William C. Dement（藤井留美訳）『ヒトはなぜ人生の3分の1も眠るのか？──脳
と体がよみがえる！「睡眠学」のABC』講談社　2002年　pp.76-78

12）前掲書10）　p.13

13）恩賜財団母子愛育会日本子ども家庭総合研究所『日本子ども資料年鑑2009』KTC
中央出版　2009年　p.305

14）玉腰暁子「睡眠時間と死亡率」『医学のあゆみ』第209巻12号　医師薬出版　2004年
p.982

15）大川匡子「睡眠の生物学的発達──睡眠とそのリズム」『小児看護』第28巻第11号
へるす出版　2005年　p.1453

16）同上書　pp.1452-1453

17）大根田博子・早川順子・保田典世「私たちの午睡研究」『現代と保育47号　午睡か
ら保育園生活を考える』ひとなる書房　1999年　pp.26-44

18）飯沼壽孝「小児科医が知りたい・聞きたい『子どもの耳・鼻・のどQ&A』」『小児
科臨床』第59巻12号　日本小児医事出版社　2006年　pp.2773-2777

19）三省堂編修所編『広辞林［第 6 版］』三省堂　1983年　p.839

【参考文献】
母子衛生研究会『わが国の母子保健　平成26年』母子保健事業団　2016年
厚生労働統計協会『国民衛生の動向　2016/2017』厚生労働統計協会　2016年
厚生省児童家庭局母子衛生課『日本の母子健康手帳』保健同人社　1991年
野原八千代編著『改訂 小児保健実習セミナー』建帛社　2004年
佐藤益子編著『三訂 小児保健──理論と実習』樹村房　2008年
内閣府・文部科学省・厚生労働省「教育・保育施設等における事故防止及び事故発生時
　の対応のためのガイドライン（施設・事業者向け）」2016年

索 引

保育士資格取得
特例教科目テキストシリーズ

保健と食と栄養［第2版］

2014 年 9 月 20 日　初版第 1 刷発行
2019 年 3 月 1 日　初版第 6 刷発行
2020 年 1 月 31 日　第 2 版第 1 刷発行
2023 年 8 月 1 日　第 2 版第 3 刷発行

編　　　集　　「保健と食と栄養」編集委員会
発 行 者　　竹鼻　均之
発 行 所　　株式会社みらい

〒500-8137　岐阜市東興町40　第 5 澤田ビル
TEL　058-247-1227(代)
FAX　058-247-1218
https://www.mirai-inc.jp/

印刷・製本　　サンメッセ株式会社

ISBN978-4-86015-516-2 C3037
Printed in Japan　　　　　　乱丁本・落丁本はお取り替え致します。